静まりと魂のセルフケア

人生のふり返りと生活の中の霊性

太田和功一［著］

あめんどう

はじめに

10代の終わりに私はキリスト者になりました。そして今日まで信仰者として生きてこれたのは、人生の歩みの節目節目に良き師と良き友との出会いが与えられたことが大きかったと言えます。本書に書かれていることは、特にそれらの師と仰ぐ人々を通して与えられた多くの恵みが基になっています。

ある時期、ちょうど来日中のH氏の通訳を依頼されました。ある集会の後、しばらく個人的に交わる機会があり、思わず私の悩みや苦しんでいた状態について話したところ、じっくり聞いてくださいました。そしてただ一言、「Self《セルフ》 abandonment《アバンダンメント》」と答えてくださいました。「自分を捨てることが、君にとっての核心の問題だね」という意味と受け止めました。

後になってふり返ってみると、確かにその時期の経験は、自我や自分のプライド、自信が砕かれてゆくものでした。

H氏とはその後、何度かお会いする機会がありました。そして、ご自分の荒野の経験も話してくださいました。これらの出会いは、厳しい試練も神の訓練であり、また、神の恵みが変装してやってきたものでもあると、体験的に学ぶ心備えとなりました。

またあるとき、日ごろ疑問に思っていることをH氏に率直にぶつけることもありました。「自分の育った信仰の世界では、神のことばである聖書を深く学び、正しく理解し、それを生活に適用するなら人間は変わっていき、成長してゆくと教えられました。自分もそう受け入れ、人にもそう教えてきました。しかし実際は、自分も人もなかなか変わらないように思う。いったい何が問題なのでしょう?」と。

それに対する答えは、「人間の理性や合理性を重視する啓蒙主義の影響を受けて、信仰においても、聖書の知的理解を偏重しすぎるからではないか」というものでした。そしてH氏は、初期キリスト教の時代から多くの人々が取り組んできた霊的修練や祈りの修練について学ぶ道を開いてくださいました。

B氏との出会いも、私の信仰の歩みに大きな影響を与えました。いくつかのたまたまが重なって個人的な交わりを持つようになりました。そして、やはり大きな問題に直面し、たじろいていたときの私の悩みを聞いてもらったところ、「君は自分のこれまでの歩みから力を得る術《すべ》を学んでいないようだね」という思いがけない答えが返ってきました。

そのときから、自分の過去をふり返ることの意味やその方法を、B氏に導かれながら学び、自分なりに試行錯誤して実践してきました。それらが本書の第1部と第2部の基になっています。

またあるときB氏から、「君は休息をどのように取っているのか?」と問われ、「する必要のあることが多すぎて、取れていません」と答えたところ、「君は必要に仕えているのか? それとも主に仕えているのか?」と重ねて問うてきました。この十数年間、牧師や牧師配偶者とセルフケアについて実践的な学びを続けていますが、本書の第3部は、このB氏の問いから始まった体と心と魂のケアを模索した学びとその実が基になっています。

第4部、第5部、続く「質疑応答」も、そうした試行錯誤の中で生まれたものです。

Ｈ氏とは、カナダのリージェントカレッジの学長、霊性神学の教授であったジェームス・フーストン氏です。またＢ氏とは、国際福音主義学生連盟（ＩＦＥＳ）副総主事を長らく務め、１９８０年から約20年間、「ライフリビジョンセミナー」を主宰されたスイス人のハンス・ビュルキ氏です。両氏は著作や講演やリトリートを通して、本書で紹介するような聖書のことばの黙想、沈黙の祈り（観想の祈り）を教え、導いてくださいました。また霊的同伴者として、また友として親しい交わりを持ってくださいました。「神の恵みによって私は今の私になりました」（Ｉコリ15・10）とパウロが述懐するように、それは私の人生においても同様でした。それらの恵みは信仰上の多くの先輩や友を通して与えられたのです。

本書でたびたび触れているクリスチャン・ライフ成長研究会（ＣＬＳＫ）は、こうした経験と友人との出会いによって生まれたものです。そして現在、人々の出会いと霊的修練を紹介する場となっています。今回、同研究会の協力で本書を出版できたことを感謝すると共に、本書が神の恵みのさらなる広がりの一助となるようにと願っています。

目次

◎聖書の引用はおもに『聖書 新改訳２０１７』（©新日本聖書刊行会）による。その他の場合は訳名を示し、（ ）内での訳名は略称を用いた。新改訳→新改、新改訳第３版→新改３版、新改訳２０１７→新改２０１７、聖書協会共同訳→協会共同訳。

◎聖書の書名、聖書箇所の表示は適宜略称を用いた。（ ）内に聖書箇所を示す場合は、さらに略した。例：創世記→創。詩篇→詩。マルコの福音書→マコ。テサロニケ人への手紙第一→Ｉテサ。

◎必要と思われる場合、［ ］として著者注を入れた。

第1部

思い起こし、思い巡らす

立ち止まって過去をふり返る

「前向きに生きる」という言い方があります。その意味するところは、過去に固執したり、束縛されずに、目の前の物事と未来に向かって積極的に取り組む生き方と言えるでしょう。

しかし、これから紹介する過去をふり返ることは、「後ろ向きに生きる」ことでは決してありません。ふり返ることで、これまでの歩み、そして現在、さらに将来が、過去と関係のないものではなく、深くつながったものであることが見えてきます。

また、過去に束縛されて身動きできなくなったり、活動はしていてもどこか空転しているような空しさから脱出するには、過去としっかりと向き合うことが必要なのです。

そうせずに過去にふたをしたり、忘れようとしたりすると、かえってそれに囚われてしまう危険があります。たとえ思い出したくない痛みや悔いや恥に満ちた過去であっても、少しずつ、少しずつ、繰り返し、繰り返し、思い起こし、思い巡らすことによって、そのことの自分にとっての意味が見えてきます。

それをするのがまだ生々しくつらい段階であるなら、無理にそれをする必要はありません。やがて、そのためのよい時期がくるものです。そこから過去との和解や過去からの解放への道のりが開かれます。

ですから、いまいる場でいったん立ち止まって、これまでの歩みとそこで起こった出来事や経験を思い起こし、その意味を思い巡らすことが大切です。

あるとき友人の紹介でカトリックの元司祭であるD・クンツ著『急がない！ひとりの時間を持ちなさい』という本と出会いました。原題を見出ると「ストッピング（Stopping）」でした。著者は忙しい生活の中で、少しの時間立ち止まることがいかに大切であるかを、さまざまな角度から説明し、それがどのように可能であるかを、自分自身を含めたいろいろな人の例を挙げて分かりやすく示しています。

この本を読みながら、「自分本来の姿に目覚めること、そして忘れていた大事なことを思い出すこと、この二つこそ、立ち止まって得ることのできる宝物なのである」という言葉に出会って、深い共感を覚えました。さらにクンツはこう述べています。

立ち止まることとは、自分本来の姿を思い出し、自分本来の姿を十分に自覚するために、一定期間（一秒から一か月間）できるだけ何もしないことである。……たとえごく短い時間でもいい。動きを止めて休んでみるだけで、自分にとって本当に意味のあることは何かを再確認できる。あなたにとって本当に大切なことは何かを絶えず思い起こすようになれば、いまここで自分にとって何が重要なのか、心からしたいと願っていることは何なのか、どのように生きたいの

かが分かるようになる。（一部筆者訳）

ですから、立ち止まることのない生活は、心を置き去りにして旅をしているようなものです。旅の途上でのいろいろな出来事に遭遇し、さまざまな経験をしても、それらの意味、自分にとっての意義を見出さないなら、人生の旅をしているというより、時空をただ移動しているに過ぎないと言えるでしょう。

気づき、回心、成長・成熟、神の呼びかけ・招きなどは、この意味や意義の発見と深く結びついています。私自身が、立ち止まり、ふり返ることの大切さに目覚めたのは30代の終わりごろでしたが、いまでは生活の一部分になってきました。その大切さを一言で言えば、以下のようになるでしょう。

昨日をふり返れば、今日を神と共に生きる力が湧いてくる。
そして、明日のことを神に委ねることができるようになる。

「反省」ではなく「ふり返る」

あるとき、日本で長年働いてきたある宣教師から次のような言葉を聞きました。

日本に来て間もなくのころ、「反省」という言葉をよく使いました。いまはなるべく使わないようにしています。その代わりに「ふり返り」と言います。なぜなら、「反省」は、自分の過ちや足りなかったことを見つけ、正したり、謝ったりするときに使われるからです。

「反省」という言葉を考えてみると、「反」はふり返る、「省」は注意してよく見るという意味ですから、「反省」のもともとの意味は、自分のあり方、生き方をふり返ってよく見ることです。そしてそうするとき、「反省」という言葉を使っても使わなくても、「何が間違っていたのか、何が足らなかったのだろうか」と、私たちは自分を厳しい目で見がちではないでしょうか。

しかし、そのような目で見ると、あるがままのすべてを見ることが難しくなり、また物事を表面的にしか見ることができなくなります。ふり返りでいちばん大切なのは、生活の中のさまざまな出来事や経験の芯《しん》にある意味、自分のあり方や生き方にとっての意味を見出すことです。厳しくさばく目やあら探しの目ではなく、あるがままを見る優しいまなざしが必要です。

旧約聖書の詩篇で記者は、自分の造り主である神のまなざしについてこう告白しています。

あなたは私が歩くのも伏すのも見守り
私の道のすべてを知り抜いておられます。（詩139・3）

神はここで、私たちの人生の全体を見守り、生活のすべてを知っていてくださると言っています。また、まだ母の胎の中にいたときから、自分の存在は神のまなざしのもとにあったとも言います。「あなたの目は胎児の私を見られ……」（同・16）。このまなざしに見守られているからこそ、自分のすべてを神の前に差し出して祈ることができるのです。

記者は、神は自分の歩みも心の思いもすべてご存知であり（1～5節）、自分を母の胎の中でかたち造り、胎児の自分を見ておられた（13～16節）と告白しています。そして、最後にこう祈っています。

神よ　私を探り　私の心を知ってください。
私を調べ、私の思い煩いを知ってください。
私のうちに　傷のついた道があるかないかを見て
私をとこしえの道に導いてください。（同・23～24）。

自分のすべてをご存知な神に「自分を知ってください」と願うのは、一見矛盾した祈りですが、神学者の鍋谷堯爾《ぎょうじ》氏はその点について、『詩篇を味わう〈Ⅲ〉』でこう述べています。「今、私は一部分しか知りませんが、その時には、私が完全に知られているのと同じように、私も完全に知ることになります」（Ⅰコリ13・12）というパウロの告白に通じるところがある、と。

つまり、「私のすべてを知っていてくださるあなたに、私のすべてを開き、委ねます。どうか私の真実な姿を私に知らせ、あなたの御心にかなう道へ私を導いてください」とパウロは祈っているのではないでしょうか。

私たちもこの祈りごころをもってふり返ることができます。

過去が泣いている

過去は泣きつづけている――。
たいていの日本人がきちんとふり返ってくれないので。
過去ときちんと向き合うと、未来にかかる夢が見えてくる。
いつまでも過去を軽んじていると、やがて未来から軽んじられる。
過去は訴えつづけている。

これは作家の井上ひさし氏が最期にしたためた言葉だそうです（吉川直美『ひと言でよいのです』）。この言葉を読みながら、ドイツの敗戦40周年記念日で語った当時の西ドイツ大統領、ヴァイツゼッカーの次の言葉を思い出しました。

問題は過去を克服することではありません。さようなことができるわけはありません。後になって過去を変えたり、起こらなかったことにするわけにはまいりません。しかし過去に目を閉ざす者は結局のところ現在にも盲目となります。

この言葉は、一つの国の国民としての「ふり返り」の大切さを述べているものです。しかしその大切さは、個人や家族、また、教会や団体のふり返りにも当てはまるでしょう。ただし、どのような視点や態度でふり返るかが問題です。ヴァイツゼッカーは講演の中で、「誠実に」という言葉を繰り返し使っています。

詩篇では、記者が自分自身にこう語りかけています。

わがたましいよ。主をほめたたえよ。
主が良くしてくださったことを何一つ忘れるな。（詩103・2）

詩篇記者は、これまでの自分の人生をふり返って、どのような主の恵みや憐れみを体験したかを思い起こし、「どんなときに主の恵みや憐れみを体験したか」を何一つ忘れないように、一つひとつ思い出そうとしています。

主は　あなたのすべての咎《とが》を赦し　あなたのすべての病を癒やし
あなたのいのちを穴から贖《あがな》われる。
主は　あなたに恵みとあわれみの冠をかぶらせ（同・３～４）

それは、罪に沈んだとき、病んだとき、また、人生の危機との遭遇をふり返ったときでもあったのです。闇と恥に覆われたとき、痛みと苦しみがあったとき、すべてが崩れそうだったとき、主の赦しが、癒やしが、そして、回復と立ち直りが与えられたことを、ここで自分の心と共に確認しているのです。

さらに記者は、自分の歴史から民族としての歴史へと目を向けていきます。そこでも思い起こされるのは旧約の民の歴史の闇の部分、エジプトでの苦しみの時代、荒野やカナンの地での罪と背きの時代でした。そしてその中で経験した神の憐れみ、赦し、恵みを思い出しています。

私たちの罪にしたがって　私たちを扱うことをせず
私たちの咎にしたがって　私たちに報いることもない。
東が西から遠く離れているように
主は　私たちの背きの罪を私たちから遠く離される。（同・10、12）

これらの先人の言葉、また詩篇の記者の言葉は、私たちの人生のすべてを思い起こすように励ましています。冒頭に引用した井上ひさし氏の文章はこのように結ばれていました。

恐れることはありません。過去が求めているのは、私たちをさばくことではなく、愛され、適切に扱われ、未来につながることなのですから。

私たちは忘れる者

「私たちが歴史から学べることは、人間は歴史から学ばないということだ」という言葉を聞いたことがあります。大切な経験や意味深い出来事でもすぐ忘れ、同じ過ちを繰り返すことが多い私たちの弱さと愚かさについて、穿《うが》った警句だと思います。これは、私たちの個人的な人生の歴史についても言えることでしょう。

あなたの神、主が、この四十年の間、荒野であなたを歩ませられたすべての道を覚えていなければならない。（申８・２）。

この勧めのとおり、その過去を、特に出エジプトの歴史を中心に思い起こし、思い巡らしたのが詩篇105篇と106篇です。ちなみに107篇は、バビロン捕囚後の歴史のふり返りです。105篇は、イスラエルに対する神のいつくしみのみわざについての思い巡らしですが、神はご自分の契約を忘れずに、いつまでも覚えておられることが繰り返し述べられています（8、42）。

106篇は、その神に対するイスラエルの不真実と罪について思い起こしています。彼らの罪の原因は、神の「豊かな恵みを思い出さず」（7）、「すぐに、みわざを忘れ」（13）、「自分たちの救い主である神を忘れた」（21）ことだと言っています。神は覚えているのに、人間は忘れるという悲しい現実です。

自分の人生をふり返って思い起こすことをする目的は、私たちが忘れる者であることを忘れないため、と言っても過言ではありません。先に引用したヴァイツゼッカーの言葉にこうあります。

思い起こすとは、一つの出来事を正直に、混じり気なしに思い起こし、その出来事が自分の存在の内部の一部になってしまうほどにするということであります。これは、われわれの真実を問いただす大きな要求であります。

先の詩篇に戻ると、105篇と106篇は、イスラエルの歴史の同じ時期を、神の真実と人間の不真実という二つの視点から見ている意味で、二つで一つのふり返りと見ることができます。この二つの詩篇は、「にもかかわらず」（106・44口語訳）という言葉で結びつけられます。

私たちの人生という歴史のふり返りにも、この二つの視点が必要です。一方だけでは不充分です。否、両方あってはじめて私たちの人生の真実が見えてきます。神の深い憐れみがあるからこそ、自分の罪に向き合うことができるのです。自分の不真実があるところに、「にもかかわらず」の神の真実がよりはっきりと見えてきます。

あるリトリートに参加したときのことです。滞在期間が長かったので、それまでの人生をじっくりふり返ることができました。生まれてからの歩みを7年ごとに区切って、両親や身近な人から聞いたことも含めて、心に残る出来事を思い出し、書き留めていきました。そのときの私の年齢は49歳でしたので、7つの期間を一週間かけてふり返りました。

そうする中で、前述の詩篇の記者のように、数々の罪と主の赦し、心身の病からの癒やし、滅びの穴からの救出などが思い出されてきました。そして、ただ主の恵みと憐れみによってこれまで生かされてきたことが、身にしみて分かってきました。

そのリトリートでは、7年ごとのふり返りを一枚の紙にまとめ、三人一組でそれを互いに読み合うこともしました。私の場合は7ページのまとめを、二人の人に聴いてもらいました。最後に、それを聴いた二人が、話した人に、〈これからどのような人に成長してゆくだろうかという予想〉、ないしは〈心に浮かんだ感想〉を短く語りました。私がもらったその感想の一つは、その後の私の歩みに大きな励ましになりました。

覚えていなさい

聖書には想い起こす場面がたくさん出てきます。思い出す、想起すると言い変えることもできるでしょう。前章で見たように、エジプトを脱出したイスラエルの人々が荒野での長旅を終え、いよいよ約束の地に入ろうとしていたとき、彼らの指導者モーセはこう命じました。

あなたの神、主が、この四十年の間、荒野であなたを歩ませられたすべての道を覚えていなければならない。（申８・２）

そして、荒野でのさまざまな苦しみや試練を通して、主がどのように彼らを導き、訓練されたかを忘れないようにと警告しました。申命記には、「覚えていなさい」「忘れてはならない」という言葉が繰り返し、繰り返し出てきます。「覚えていなければならない」（5・15）、「よく覚えていなければならない」（7・18）、「忘れずに覚えていなさい」（9・7）。

しかし、約束の地に入ったイスラエルの人々は、いつの間にかこれまでの自分たちの歩みを忘れ、あげくの果てに神をも忘れてしまいました。

忘れることの危険は人ごとではありません。まったく忘れてしまうことはなくても、部分的な記憶になっていたり、自分にとって都合のいいことだけを覚えていたり、変形したりすることもあります。また、出来事を頭の記憶・情報として覚えていても、その事の意味を心に刻んでいない場合もあります。

荒野の長旅はしばしば、私たちの地上での人生に例えられますが、そこでのいろいろな出来事や経験の自分にとっての意味を見出し、その一つひとつを心に刻むことができるなら、私たちの生き方や信仰のあり方が変えられ、深められてくるでしょう。

しかし、自分の人生を思い起こし、思い巡らすことは、難なくできることではありません。そのための時間を取ること、また、それができる環境や心の静まりが必要です。もっと難しいのは、これまでの歩みの中の闇の部分に目を向けることです。失敗や挫折、罪や恥、自責の念や悔い、思い出すだけでも心が痛む苦しみ、赦せない想いなど。そんなとき、私はナウエンの次の言葉が励ましになりました。

いまここに私が立っている場所は、これまでに起きたすべての出来事によって成り立っているのです。そのすべてが、神の導きのもとにあることを受け止めましょう。過去に起ったすべての出来事がよかった、という意味ではありません。悪いことでさえ、愛の神の臨在を離れては起きなかった、ということです。

（『いま、ここに生きる』）

拙著『しばし立ち止まり、ふり返る』の第一部「深まる回心」で述べたように、回心とは、一度の経験があれば充分で、あとは成長を目指していけばよいというのではなく、ふり返ることによって、悔い改めがだんだんと深まり、主の憐れみへの感謝も深まっていくことです。

パウロは、教会の迫害者であったころをふり返り、自分のことを使徒の中で最も小さい者、使徒と呼ばれるに値しない者と呼んでいますが（Ｉコリ15・9）、晩年には、自分を罪人のかしらと呼んでいます（Ｉテモ1・15）。そして、そんな自分に対する主の恵みと憐れみの大きさへの理解と感謝が深まっていったようです。主イエスを裏切ったことのあるペテロの場合と同じように、自分の暗い過去が、主への献身の新しいエネルギーと変えられたのです。

何度でもふり返る

マルコの福音書にはパンの奇跡が２回記録されていますが（６章、８章）、興味深いエピソードが、２回目の奇跡の直後に記されています。

イエスを試みるためにパリサイ人が仕掛けてきた議論に乗らず、イエスは弟子たちと湖の向こう岸に渡りました。その舟の上で語られた主の警告の言葉に、弟子たちはじつにトンチンカンな反応をしました。そのときイエスはこう言われました。

まだ分からないのですか、悟らないのですか。心を頑なにしているのですか。目があっても見えないのですか。耳があっても聞かないのですか。あなたがたは、覚えていないのですか。（マコ8・17‐18）。

弟子たちはパンの奇跡を2度も体験し、その出来事を記憶していました。しかしそのことの意味についてはまったく悟っていなかったのです。この福音書では、2度目のパンの奇跡の直前に、耳が聞こえず、口のきけない人を主が癒やされたことが記されています（7・32～37）。

そして、舟の上の会話の直後に、目の見えない人が癒やされたことが記されています（8・22～26）。このふたつの癒やしの記事にはさまれて、「目がありながら見えず、耳がありながら聞こえない」弟子たちの姿が描かれ、イエスの癒やしを必要としているのは、弟子たちもまるで同じだと言っているようです。

これは、弟子たちだけのことでしょうか。出来事や体験を記憶してはいても、その意味については分かっていない。そればかりか、物事を表面的にしか捉えず、的外れな反応を繰り返す。まさしくこれが私たちの姿ではないでしょうか。

しばし立ちどまり、ふり返ることは、単に過去の出来事や経験を思い出すことではなく、自分にとって意味深いと思われる出来事や経験の意味に気づくために「思い起こし、思い巡らす」のです。

それは、自分の心との対話です。自分の心に問いかけ、心の答えを待つことです。そしてまた、自分にとって意味深いことを思い出し、その意味に心の目が開かれるように、私たちの内におられる聖霊の助けを求めるふ、り、返、り、の祈りです。

急ぎ足の日常の中で、立ちどまると見えてくるものがあります。言葉や騒音にあふれた暮らしの中で、独りになり沈黙すると聴こえてくるものがあります。心の目でじっと見ること、そして、心の耳を澄ませることが必要です。毎日たとえ15分でも、「立ちどまる」ことが生活の一部になるなら、大切な気づきが増し、感謝、回心、神の招きへの応答が深まるでしょう。

別府恵子著『回想録――生かされ、生きて七十年』と題する本の書評を読んでいて、「ふり返るのは前に進むため」という言葉に深く共感を覚えました。これまでの人生の旅路をふり返るのは、過去を思い出して感慨にふけるためというより、これからに向かって生きてゆく力を見出すため、また、生きる方向を見定めるためであると教えてくれた言葉だったからです。

評者は、この本に流れる強調点を幾つか紹介していますが、中でも「神慮」と「摂理」についての次の文に惹《ひ》きつけられました。

人は自由意志で選択した人生を送っているように思いがちだが、実はその背後には神のご計画があるということ……摂理（プロヴィデンス）により働かれる神は、また必要なものを備えてくださる（プロヴァイドする）神である。

自分の人生をふり返り、この二つのものを見出すことができるなら、これからの歩みがどのようなものであろうと、また、老いや衰えが確実に予想されようと、未来に向かって生きる力や望みを見出すことができるのではないでしょうか。

神のまなざし

神のまなざしを意識しながら、自分自身をふり返って見るとき、私たちの目も、あるがままを優しく見る目に変わってくるでしょう。福音書には、イエスのまなざしについて記している箇所があります。

また、群衆を見て深くあわれまれた。（マタ９・36）
イエスは彼を見つめ、いつくしんで言われた。（マル10・21）
イエスはその場所に来ると、上を見上げて言われた。（ルカ19・５）
主は振り向いてペテロを見つめられた。（ルカ22・61）

これらの箇所から、イエスのまなざしについて深く思い巡らした『讃美歌』があります。「ああ主のひとみ　まなざしよ」（243番）です。これらの福音書の箇所を繰り返して思い巡らしたり、この歌を何度も口ずさむことも、主のまなざしを体験的に知る助けになるでしょう。

あるがままを優しく見るまなざしとは、自分の中の影や闇から目を背けることではありません。それらを善悪の物差しですぐ裁かずに、その内側に目を向けることです。その闇の部分にいったい自分の何が現れているのだろうか、それは何に由来しているのだろうかと思い巡らすことをします。そうする中で、表面的な反省ではなく、神の赦しや癒やしを求める真実な祈りが心の底から湧いてきます。ヘンリ・ナウエンは次のように言っています。

勇気を持って私たちの過去のすべてに向き合い、神がそのまなざしで見られるようにそれらを見るたびに、負い目や咎《とが》めは「幸いな負い目や咎め」となり、恥に思えることも「幸いな恥」となります。なぜなら、それらを通して私たちは神の憐れみをさらに深く認めることができ、神の導きをさらに深く確信することができるからです。（『いま、ここに生きる』）

十数年前から私は朝の日課として、目覚めて洗面をしたあと、机の前に座り、昨日をふり返ることをしています。まず、昨日の中で、神に感謝できること、感謝したいことを少なくとも三つ見つけます。『神に聴く祈り』（マラキー・ハンラッティ著）で勧められているように、時には何もなかったように思えても、しばらく祈りごころで待っていると、突然、「これもあった、あれもあった」と思い出すことがよくあります。

こうして感謝から始めると、心が乱れたり痛んだりしたこと、神と人を悲しませてしまったことなどに正直に向き合うことができます。それらがどこから出てきたのか、自分について何を示しているのかを思い巡らし、悔い改めたり、助けを祈り求めることができます。

私の場合、このふり返りを書き留めながらしますが、そのノートは「祈りの日記」、心の経験の「ジャーナル」になります。それから朝食をとり、次の日課である朝のウォーキングに出かけます。しばらく歩いてから、空を見上げながらいくつかの決まった聖書のことばを唱えます。
その中の一つは次の節です。

いと高くあがめられ、永遠の住まいに住み、
その名が聖である方が、こう仰せられる。
「わたしは、高く聖なる所に住み、
砕かれた人、へりくだった人とともに住む。
へりくだった人たちの霊を生かし、
砕かれた人たちの心を生かすためである。（イザ57・15）

このみことばを唱えるごとに私は、神の憐れみのまなざしを感じ、ウォーキングが祈りのウォーキングになっていきます。

あなたと共にいる

聖書全体を通して語られている神のメッセージは何かと言えば、「わたしはあなたがたと共にいる」ではないでしょうか。詩篇の記者は、こう告白しています。

私はどこへ行けるでしょう。あなたの御霊から離れて。どこへ逃れられるでしょう。たとえ、私が天に上っても、そこにあなたはおられ、私がよみに床を設けても、そこにあなたはおられます。（詩139・7〜8）

マタイの福音書は、復活の主イエスの次の言葉で締めくくられています。

見よ。わたしは世の終わりまで、いつもあなたがたとともにいます。（マタ28・20）

パウロはアテネの人々に、こう述べました

「確かに、神は私たち一人ひとりから遠く離れてはおられません。『私たちは神の中に生き、動き、存在している』のです。」（使17・27、28）

私たちにとって必要なことは、いつも、どこにでも共におられる神をもっと意識して、日々の生活を神と共に生きられるようになることです。エノクのように私たちもその生涯が、「神とともに歩んだ」（創世記5・24）という一言でまとめられるなら、これにまさる喜びはないでしょう。昔から多くの人々が、日々の生活の中でともにおられる神をより意識できるように、神の臨在に対する霊的感受性を高めるため、さまざまな修練を積んできました。A・W・トウザーは、この修練の必要について『神への渇き』の中でこう述べています。

たしかにそれ（神の臨在への感受性）は神の賜物ではあるが、他の賜物と同様に、それが所期の目的を果たすためには、まず認識され、はぐくまれなければならない。

「しばし立ちどまり、ふり返る」ことは、この感受力を育む修練につながるものです。前述した私の例は朝ですが、ある人は一日の終わりにその日をふり返り、神に感謝できる三つのことを見つけ、書きとめることとしています。また、ある人は同じく寝る前に、過ぎた一日をふり返って、神に感謝できること、神に謝らねばならないこと、明日への願いを祈ることを続けています。また、そこでの出来事や経験の自分にとっての意味、特に、自分と神との関係にとっての意味を見出す「心の日記」（ジャーナル）をつけている人もいます。

また後述する「意識の究明の祈り」と呼ばれる日々のふり返りを行っている人

も多くいます。この祈りは、日々の言動をふり返ることを通して、それらを動かしているものを知って、より深く自分を知り、そして、共におられる神とその働きかけにより敏感になることを目指しています。

この「意識の究明の祈り」について興味深いことは、16世紀の末から17世紀の初めにかけて日本にも開かれたセミナリオと呼ばれる全寮制の神学校で、神学生たちが午後8時から日課として行っていたという記録があります。神学生たちの霊的養成の基礎としてこの祈りが大切にされていたことがうかがわれます。

自分の罪と向き合う

ずいぶん前のことですが、カトリックのある黙想の家の所長に会ったときのことです。四週間の黙想会を導く機会があることを聞き、その人にどんなことを黙想するのか尋ねてみました。その答えはとても印象的で、いまでも忘れることができません。

「第一週は神の無条件の愛について黙想します。そして、第二週目は自分の罪についてです。神の無条件の愛のもとで初めて、私たちは自分の罪に向き合うことができます」

ペテロが三度イエスを知らないと言ったときのことが、福音書にこう記されています。

主は振り向いてペテロを見つめられた。ペテロは「今日、鶏が鳴く前に、あなたは三度わたしを知らないと言います」と言われた主のことばを思い出した。そして、外に出て行って、激しく泣いた。（ルカ22・61～62）

ペテロが自分の裏切りの罪について、あるいは裏切ってしまった自分の弱さについて激しく泣くことができたのは、イエスの赦しのまなざしで見つめられたときでした。このイエスのまなざしについて、前述の『讃美歌』243番はこう歌います。

ああ主のひとみ、まなざしよ、三たびわが主を　いなみたる
よわきペテロを　かえりみて、ゆるすはたれぞ、主ならずや。

その後、人生の棚卸しともいえるセミナーに出たとき、じっくり時間をかけてそれまでの歩みをふり返りました。また、父や母との関係や私が知っている限りの彼らの人生についても思い出し、思い巡らしました。前述の詩篇103篇でのダビデのふり返りのように、自分の罪と主の赦し、病いと主の癒やし、破滅の危険とそこからの主の救出の数々が思い出され、主の深い憐れみと恵みによって生かされてきたことを実感し、感謝があふれてきました。

それからさらに数か月後ですが、罪の悔い改めと主の赦しに焦点を当てて人生をふり返る機会がありました。そこで、かつてない心の痛みが湧いてきました。それまでは、自分の罪や弱さに対する悲しみでしたが、そのときの痛みは、自分の罪によって苦しんだ人々の悲しみがひしひしと迫ってきた心の痛みでした。

いま思うと、先の人生の棚卸しセミナーで主の憐れみと恵みを深く味わったことと、自分の罪だけでなく、自分が関わった人々の痛みを心から悲しむ悔い改めの経験とは、深く結びついているように感じます。まさしく神の無条件の愛、赦しの恵みのもとで自分の罪に向き合い、悔い改めることができるようになった体験、回心の深まりという体験でした。
この体験から私は、以下のみことばの味わいが深まってきました。

幾たび彼らは　荒野で神に逆らい
荒れ地で神を悲しませたことか。
彼らは繰り返し神を試み
イスラエルの聖なる方の心を痛めた。（詩78・40〜41）

神の聖霊を悲しませてはいけません。（エペ4・30）

そしてこう自問しました。ご自分の愛する者たちの背きの罪を、神は心を痛め、悲しんでおられることを、私はどれほど分かっているだろうか。放蕩息子が帰って来ることを待ちわびる父の心の痛みを。

わずかの時間で

ジャン・フランソワ・ミレー作の「晩鐘」と呼ばれる絵があります。空も大地も夕焼けに赤く染まっている中で、農夫とその妻が畑で頭を垂れて祈っています。地平線の彼方には教会の塔が見えます。あるとき、この絵のもともとの題は「アンジェラス」であることを知りました。

それは13世紀頃イタリアで始まり、後に各地に広がったといわれている「アンジェラス・ドミニ」（主の御使い）で始まる祈りに由来したものです。朝、昼、晩の3回、教会の鐘が鳴ると、どこでも何をしていても、しばし手を休めてこの祈りを献げるのです。

1日の始まりと終わりに祈りを献げたり、ディボーションを毎日決まった時間に持っている人は少なくありません。ある国では、イスラム寺院から1日に5回、祈りへの招きの呼びかけがなされます。イスラム教徒たちは、会社や工場にいてもその時間になると、仕事の手を休め、メッカの方向に向かって祈りを献げます。

これらはみな、日常生活を信仰と結びつけるための「行」と言うことができるでしょう。生活全体が神への礼拝となることを目指す修練です。このことに生涯をかけた人として知られているのがフランスの修道士ブラザー・ローレンス（ラウレンシオ）（1614～1691）です。彼は40年近く修道院の台所の仕事や下働きに従事しました。そしてどんな些細なことを行うときにも、それを神への愛の行為、礼拝行為の修練として長年を通して行いました。彼の次のような言葉が残っています。

霊的生活において、もっとも聖なるもっとも通常な、そしてもっとも必要な修行は神の現存である。（そのためには）私たちのすべての行為が、どれこれの区別なく、みな、神との小さい語らいの一種となるように……仕事やその他の行為の間に、また、たとえ霊的な読書や書き物であっても、さらにまた、私たちの外的信心の業や、口祷のあいだにすらも、できる限り、たびたび、ちょっと、いい、とそれを止めて、自分の心の奥底で神を礼拝し、たとえちょっとでも、いわば人知れず彼を味わうべきである（ラウンレンシオ修士『神の現存の体験』強調は筆者）

「イエスの御名の祈り」という東方教会の祈りの伝統がありますが、これは一息ごとの呼吸に乗せて「主イエス・キリスト、罪人の私を憐れんでください」と唱えることを何回も繰り返す祈りです。短く「イエス様、私を憐れんでください」と繰り返すかたちもあります。それは、「わたしにとどまりなさい」（ヨハネ15・4）とのイエスの招きに応えて、絶えずイエスにつながって生きること、そして、絶えず祈ることを目指す修練です。

さらに昔から、「射祷《しゃとう》」と呼ばれる短い立ち止まりの祈りがあります。いつでも、どこでも、何をしていても、一行の短い祈りを献げる立ち止まりです。「主よ、助けてください」「主よ、感謝します」「マラナタ（主よ、来てください）」などの祈りを、一本の矢を射るように祈ります。あるときには、一言「主よ」と祈るだけでも充分です。

このような、心を神に向ける祈りの伝統を参考にしていると思われる前述のD・クンツは、立ち止まることの大切さと具体的な方法について解説しています。著者は、静止、休止、停止の三つの立ち止まり方を紹介して、最も短い立ち止まり方である静止についてこう言っています。

静止を何回もやれば、それは生活の中心、バックボーンになる……何をやっていようとも、まず深呼吸する……自分の心に神経を集中し、自分にとって大切なことを思いだす。立ち止まって、思い出す。それは、あなたの活力源になっている信念でもいいし、まえに起こった出来事でもかまわない。また、平和を求める祈りでもいい。

１分間の祈り

生活の中でたびたび手を止め、心を神に向けるＤ・クンツやブラザー・ローレンスの姿に励まされ、私は以下のような、もう少し長く立ちどまる祈りを始めました。「そもそもエクササイズ」と名付けて試みています。

何をしていても、どこにいても、決めた時刻になると、１分間ほど手と心を休めて、次の問いを自分に問いかけます。

①そもそも、いま私がしていることは、何なのだろうか。（意味）

②そもそも、このことを私がしているのは、なぜだろうか。（動機）

③そもそも、このことを私がしているのは、何のためだろうか。（目的）

この三つの問いに対する自分なりの答えを確認してから、次の祈りを献げます。

①このことを通して、御名があがめられますように。
②このことを通して、御国が来ますように。
③このことを通して、御心がなされますように。

これらの問いと祈りでおよそ1分間ですが、この立ち止まりの時刻と回数を携帯のアラームで設定しておくと、マナーモードの振動が続いている1分間、1日何回でも、このエクササイズをすることができます。ときには、後半の三つの祈りだけを祈る数秒の立ち止まりのときもあります。1日に何10回も「主の祈り」を祈っている人もいますが、その人にとっては、「主の祈り」が約30秒の立ち止まりの時となっているのでしょう。

祈りの立ち止まりといえば、『讃美歌』313番が思い出されます。作詞者の由木康が、都心にある銀行に知人を訪ねた折、応接室で待っているあいだにその歌詞が浮かんできたと言われています。１番は、忙しい活動の合間に、しばし立ち止まって心を神に向け、神の御前《みまえ》に静まる決意を歌っています。

この世のつとめ　いとせわしく、
ひとのこえのみ　しげきときに、
うちなる宮に　のがれゆきて、
われはきくなり　主のみこえを。

３番では、再び忙しい活動に戻るとしても、主の御声を聞きつつ行うことができるように、そのわざがみこころに沿ったものとなるように、という願いを祈っています。

主よ、さわがしき　世のちまたに、
われをわすれて　いそしむまも、

ちさきみこえを　ききわけうる
しずけきこころ　あたえたまえ。

ちなみに、この賛美歌のテーマは、〈静まって神に聴く祈り〉です。1番は「うちなる宮に／のがれゆきて／われはきくなり／主のみこえを」で、3番は「ちさきみこえを／ききわけうる／しずけきこころ／あたえたまえ」でしたが、2番は神に聴く主イエスの祈りの姿を歌っています。

昔 主イエスの　山に野べに、
ひとをばさけて　ききたまいし
いともとうとき　あまつみこえ、
今なおひびく　わがこころに。

１日の終わりに

１日の終わりに15分か20分かけて、その日の具体的な出来事や経験をふり返り、思い巡らしながら祈る祈りもあります。この祈りの原型は、イグナチオ・デ・ロヨラによって５００年近く前に紹介されました。英語では「Prayer of Examen《プレイヤー オヴ エグザメン》」、日本語では「良心の糾明《きゅうめい》の祈り」や「意識の究明の祈り」と呼ばれてきました。現在、この祈りはさまざまな形で祈られていますが、以下はその中の一つの形です。

(1) はじめに

主の御前で１日をふり返ることができるように、聖霊の助けを祈り求めます。もし記憶がぼんやりしていたり、混乱しているようでしたら、はっきりと見えるように助けを祈り求めます。

(2) 1日を感謝をもってふり返る

感謝することは、私たちの神との関係・交わりの土台です。神の御前に1日をざっとふり返り、感謝できること、感謝したいことを見つけます。その日に与えられた恵みの賜物、出来事、経験、意味深い出会い、会話、人にしてあげられたこと、してもらったこと、食べた物、心に残る景色や心温まる光景などの小さなことにも目を向けます。神は小さなことの中にもおられますから。そして、その一つひとつを神に感謝します。

(3) 1日の中で、ある感情を伴って心が動いた出来事や経験に目を留める

その感情が否定的なもの（苛立ち、苦々しさ、心配、悲しみ、悔い、咎《とが》めなど）であっても、肯定的なもの（喜び、慰め、安心、嬉しい驚き、励まし、希望など）であっても、それらが自分にとって何を意味するかを考えます（その感情はどうして出てきたのだろうか。そこに自分の何が現れているのだろうかなど）。それらの感情を通して、神は何かを語っておられるかもしれません。弱点や

間違いに気づかせようとしておられるかもしれないし、誰かへの心配・気がかりがあるなら、その人のために祈ったり手を差し伸べたりするように導かれているかもしれません。

(4) (3)の中から特に大切だと思われることを一つ選ぶ

その日、自分にとって特に意味深く、大切な出来事に目を留めることができるように祈ります。そして、その一つを選べたら、そのことを思い巡らしながら祈ります。それに伴う感情も含めて祈ります。それは、心に深い痛みや喜びを感じたときのこと、あるいは、一見大したことに見えないことかもしれません。そして心に湧いてくる感謝や、悔い改めや、とりなしや、問いかけの思いを、そのまま祈りとして献げます。

(5) 明日のために祈る

今日のふり返りに基づいて明日のために祈ります。同じような過ちを繰り返さないように、神の導きにいっそう応え、従うことができるように、聖霊の語りかけを聞き取り、導きや促しを求め、それに従えるように祈ります。そして、明日のことを思うときに心に湧いてくる期待感、あるいは気の重さ、不安感、恐れなどの感情をあるがまま祈りに込めます。そのための神の導きと助け、また明日への望みを祈り求めます。

この祈りは、毎日15分から20分かけてします。体調がよくないときやとても疲れているときは、最初の(2)だけを祈ることもできます。私の場合は、翌日の朝のほうが落ち着いてできることが分かったので、朝一番の日課として続けています。夕方がいい人もいるかもしれません。私の初めのころは中断もありましたが、いまでは決まった場所に座り、決まった日記帳と決まったペンで書き留めながら、前日をふり返ることが生活の一部になりました。

長年続けていくうちに、前日のふり返りをまず感謝から始めることの意味が分かってきました。どんなに小さなことでも感謝の心でふり返り、その一つひとつを書き留めると、神のみこころに適わない自分の言動や、人へのふさわしくない態度や反応も素直に認め、悔い改めることができるようになりました。

半年か1年をふり返る

これまで、生活の中でのふり返りのいくつかを述べてきました。これらのふり返り方は、それをする時間や場所・環境によって、どれがふさわしいかが変わってきます。大切なことは、何度でもやってみることです。それを続ける中で、自分に合ったふり返り方が自ずと生まれてきます。また、なるべくゆっくりと静まれる場所や環境を確保できるなら助けになります。より長い期間をふり返る場合は、独りでするよりも仲間や友と一緒に集って静まり、それぞれのふり返りからの気づきを分かち合うほうが、実行しやすいように思います。

ここでの長い期間とは、最近の1年、あるいは半年か数か月をふり返る方法です。このふり返りは、単なる自己分析や反省ではなく、自分の心との対話です。自分の心に優しく問いかけ、その答えをじっくりと聴く時間です。また、自分にとって大切なことを神が思い出させ、気づかせてくださることを待ち望む振り返りの祈りです。

この少し長い期間をふり返り、心に残る出来事や経験を、次の問いを用いて思い起こすことをします。問いにある「中芯《しん》」（中心にある固まり）とは、その経験や出来事の核にある自分にとっての意味・意義です。

①励まされたこと、慰められたこと、うれしかったことは……。また、その中芯にあるものは……。

②苦しかったこと、がっかりしたこと、心が痛んだことは……。また、その中芯にあるものは……。

③自分が、また信仰が試みられたことは……。また、その中芯にあるものは……。

④この期間での大切な気づき、身にしみて分かったことは（自分、人、神、世界等について）……。

⑤直面した（している）問題、課題、チャレンジは……。また、そのことの中芯にあるものは……。

⑥この期間を一言で言うと（　　　　　　　　　　）の時だった。

①から⑤の問いはどこから始めてもよいですし、何も心に浮かんでこなかったとしても、その空欄にも意味があります。一とおり終わってから、全体を最初からもう一度たどってふり返ってみます。そこで新しい気づきや再確認の気づき、また、別々なことがつながって見えてくるかどうかを注意してみるのも助けになります。そして、それらの発見を仲間と短く分かち合うなら、心の深い交わりが生まれてくるでしょう。

ＣＬＳＫ主催の静まりの集いやリトリートでは、そこで気づいたことで特に自分にとって意味深いと思うことを2、3人に分かれて分かち合うことがあります。その際、聞く人は黙って聞くことに徹し、それへのコメントや評価、また詮索する質問をしないことが大切です。黙って傾聴してくれる人の前で心の経験を話すとき、話し手の内にさらなる気づきが生れたり、その気づきの意味が見えてきたりすることがあります。

それらの意味については、すぐ見えてくるとは限りません。むしろ、後ほどじっくりと時間をかけて思い巡らす中で見えてくることのほうが多いでしょう。ですから、それをノートを取っておけば、あとで何回も見直すことができます。

また、さらに半年か1年後にそれまでの期間をふり返ってノートを取るなら、前回のノートと見比べて変化や新しいことが見えてきます。この半年か一年のふり返りを定期的に続けることで、自分自身について、自分の人生の歩みについて、また、共に歩んでくださる神についての気づきが深まることでしょう。

イスラエルの民は、荒野での旅の全行程を覚えているように命じられました。そのことの意味がこの辺りにあるのではないかと思います。

長い期間のふり返り

これまで、わずかの時間から、半年、1年という期間での立ち止まりの実践を紹介しました。しかしもっと長い期間、10年、20年、あるいはそれ以上の期間をふり返ることもできます。

その場合、できれば生活の場から離れて1泊2日や数日間、集中できる場所と時間を前もって確保する計画を立てることです。さらには、それを導いてくれる人がいれば理想的です。あるいは数人で数日間のリトリートを一緒に持ち、それぞれに分かれてそれまでの人生を一人でふり返ったのち、そこでの気づきや感想を皆で分かち合うことも可能です。

私はあるとき、数十年の生涯をふり返り、「意味深い出会い」「苦しい試練・危機」「大きな転機」という三つの視点から見てみました。この三つの視点を窓に例えるなら、その一つひとつの窓から見える自分の人生の景色を、じっくりと眺めることをしたのです。

出会い――自分の生き方や信仰に大きな影響を受けた友や師との出会い、また、本や機会との出会いを思い起こします。いつどのように起こったか？　また、それらの出会いからどのような変化や展開が始まったか？

試練・危機――自分自身、あるいは信仰が試される試練は、いつどんなことでやってきたか？　また、人生の危機、信仰の危機と言える経験があったか？　あるとすれば、それはいつどのようなことだったか？　また、それらの試練や危機を通してどんなことが見えてきたか？

転機――人生の方向や目標が変わったことがあったか？　基本的な価値観や生き方が大きく変わったときがあったか？　あるとすれば、それは何か？　いつどのように、また、どうして変わったか？　あるいは、変わりつつあるか？

このような問いを手掛かりにして、とても意味深い気づきが私に見えてきました。第一の出会いという窓から見えたのは、大きな意味を持つ出会いが、ほとんど「たまたま」と言える出来事から起こったこと、あるいは、「たまたま」の連続としてのハプニングであったことです。あの出会いがあったから始まったのであり、今日の私があると思えてきて、神の憐れみと恵みが具体的に見えてきました。そして、摂理の神への信頼が増してきました。

第二の窓では、試練や危機なくして成長はないと言えるほど、私の人間としての成長、また、信仰における成長は、試練や危機を通してであった、という気づきがありました。No《ノー》 Crisis《クライシス》, No《ノー》 Growth《グロース》（危機なくして成長なし）という言葉がありますが、私の人生においても、それが当てはまることを実感しました。

もう一つの窓で見えたのは、私にとっての転機は、出会いや試練・危機と深く結びついていることでした。出会いも試練・危機も、「起こる」ことであって、私が起こすのではないように、転機も私が作るものではなく「やってくる」ものでした。

これらの気づきから、「いったいだれが、あなたをほかの人よりもすぐれていると認めるのですか。………もしもらったのなら、なぜ、もらっていないかのように誇るのですか」というパウロの警告（Ｉコリ４・７）が身に染みてきました。

人生をふり返るための窓は他にもあります。例えば、「出会い」の窓を、「師と仰ぐ人との出会いと、その師から受けたもの」「心の友との出会いと、その友情から受けたもの」「反面教師との出会いと、その反面教師から学んだこと」などと、分けて見ることもできます。

また、「試練・危機」の窓を、「罪に対する神の赦しの体験」「心身の病いからの神の癒やしの体験」「危険や窮地からの神の救出の体験」や「人生の挫折の体験とそれからの立ち直り」「信仰の試練の経験と、その後の変化や成長」などの視点から見ることもできるでしょう。

「転機」の窓も、「神との関係の転機」「自分自身との関係の転機」「身近な誰かとの関係の転機」と、より詳しくふり返ることもできます。

これらのいろいろな窓から見えてくる人生の風景を見つめていると、あの「アメイジング・グレイス」（「驚くばかりのめぐみ」）の調べが心に響いてくるでしょう。

聖霊による助け――個人と共同体

これまで、生活の中で立ち止まってふり返り、そこで教えられる気づきを見出すさまざまな修練について述べてきました。忙しく活動をこなすだけの生活は、いつの間にか自分を見失うことになり、虚しさや疲れがたまってきます。

ふり返ることで気づくことは、生活を通して働いてくださる聖霊を通しての神の働きかけです。それは、神への感謝の祈りと信頼に、また、具体的な悔い改めにつながります。そしてその気づきは、これまで何回か触れましたが、私たちから出たものではなく、聖霊から来るものだと言えるでしょう。

聖霊は私たちに神を求める心を起こさせ、罪に目を開かせ、私たちを「わが子よ」と呼んでくださる神の愛を注いでくださいます。さらに聖霊は、私たちが弱いときも私たちを助け、ときに言葉にできない危機のときも、祈りの言葉が浮かばないときも、深いうめきによって父なる神に執りなしてくださいます（ロマ８・26）。

静まって生活をふり返る修練は、日々聖霊に導かれて生きることの道を開くことです。日々の具体的なことにかかわり、体験的に知ることのできる神でなければ、私たちのただ中での神の臨在を感じることはできません。人生の試練や危機、また転機においても、そこに神の隠れた導きの手や臨在に気づけるのは、ふり返りを通してであることは、私の体験からも教えられたことです。その気づきを通して、神は決して遠い方ではなく、小さな私個人にもかかわってくださる方であることが見えてきました。

日々の修練の中で、聖霊はいつも私たちと共にいて、私の内にいてくださる方であることに信頼しましょう。聖霊の働きかけや促しに心を開き、歓迎しましょう。それが十分できなかったとしても、それに気づけないときでも、聖霊は私たちを助けてくださいます。聖霊を通して聖書のことばが与えられたり、思い出されたりすることがあります。思いがけない人との出会いがあったり、さまざまな出来事、ときには被造物の美しさを通して、聖霊は私たちと神を仲介してくださいます。

そのためにも、自分の生活と性格になじむ修練を、自分なりのやり方で体験しながら、創造的に、選択的に取り組むことが大切です。

本書はさまざまな修練（エクササイズ）を紹介してきましたが、それらを実行すること自体が目的ではありません。それらを通して聖霊に導かれて生きることを求めることに主眼があります。パウロは、聖霊の導きに従って生活し、聖霊に歩調を合わせて生きるように勧めています。そして、そのことなしには霊的生活は不可能であることも警告しています（ガラ５）。

さらに聖霊は、教会や信仰共同体での生活と深い関係があります。パウロは、教会に与えられる聖霊による賜物の多様性、それらが果たす目的、中でも特に求めるべき賜物、礼拝で実践するときの適切さと秩序について、第一コリント書12章と14章で詳しく述べています。

その中で彼は、聖霊による賜物は私たち個人で終わるものではなく、教会や共同体の徳を高め、互いにいたわり合うために与えられていること、そして13章で、そのすべてが活かされるために必要なのは、聖霊の実である愛であると強調しています。

ここから分かることは、私たち一人ひとりが聖霊によって生かされることは、主にある兄弟姉妹との共同体的生き方と不可分であるということです。

第2部

静まりと生活の中の霊性

新しい視点への気づき

私たちに毎日の生活を生きる力を与え、私たちの人生に意味を見出す希望を与えてくれるものは何でしょうか。それは、神が大きなご計画を持って私たちの人生をも導いていてくださるとの信仰（摂理）、そして、神はいまも私たちと共にいてくださるとの確信（臨在への感覚）ではないでしょうか。

詩篇139篇を、神の摂理と臨在という視点から見ることができます。私の行住《ぎょうじゅう》坐臥《ざが》、生活のすべてを見守っておられる神、私の行くところすべてにおいて、人生のさまざまな経験や状況のすべての中に、「そこにおられる神、私の人生の始まり、否、私の存在そのものの始まりから、その御手の中に治めておられる神、そしてその摂理と臨在の神に対する私の畏れ、驚き、感動、感謝の祈りとして、この詩篇を味わうことができます。最後に記者は、自分の道、すなわち自分の生き方への神の導きを願って祈ります（詩139・24）。

どうしたら神の摂理と臨在に根ざす生き方が、私たちの内に深まるでしょうか。一つの道は、第一部でも触れましたが、静まって自分の人生の歩みをふり返り、じっくりと思い巡らすことです。自分にとって意味深い出来事や経験を思い起こす中で、その一つひとつの意味が、特に霊的な意味や意義が見えてくるときに、それらを新しい視点から見ることができるようになります。また、いままでの行程全体も新しい意味を持ってきます。

ある人は、それまでまったく無意味に思えた回心以前の半生が新しい視点から見えてきたとき、それまでの自分の人生全体が尊く、愛《いと》おしいものになった経験をしました。神の導きの御手をそこに見たからです。

こうした新しい視点は、単なる気づきではありません。霊的な意味や意義が見えるようになることです。そのためには、心の目が見えるようになる必要があります。そして自分自身が、また、自分の人生が見えるようになるために、私たちはみな主の癒やしを必要としています。

ですから、ただ静まって思い起こし、思い巡らすだけでなく、まず主の御前に静まることが必要になります。ここで言う「主の御前」は、主の臨在、The《ザ》 presence《プレゼンス》 of《オヴ》 God《ゴッド》ですが、旧約聖書では「主の御顔」としばしば表現されています。私たちの大きな課題は、どうしたら神の御前に近づき、そこで静まることができるかです。

みことばの黙想（瞑想）は、この点で大切な意味を持ってきます。聖書をできる限り正確に、また深く理解し、そのメッセージを自分の現実に適切に適用するためには、聖書の学びが不可欠です。と同時に、聖書を通して語っておられる生ける神の臨在に触れるためには、聖書の黙想が必要です。

みことばの学びの手ほどきを受けたり、実際に学ぶ機会はあっても、みことばの黙想の経験はあまりないのが実情ではないでしょうか。そしてこの黙想が深まるためには、静まりが、心の沈黙が必要です。しかし、とかく毎日の生活の中では、忙しさや慌ただしさに追われがちです。最初に述べた生きる力、人生への希望を見いだすために、静まって自分の歩みを思い起こし、思い巡らし、特にみことばを思い巡らし、主の臨在を慕い求めることを始めましょう。

その第一歩を、同じ願いを抱く友と共に行うことができます。独りで格闘する必要はありません。数人の友と、一日か半日静まりを中心とする時を共にしたり、数日間の静まりのリトリートに出席することができます。CLSKは、そのための機会を提供している団体の一つです。

静まりからすべてが始まる

主の御前に静まることについて考えるとき、まず頭に浮かぶ聖書の言葉は、詩篇46篇10節でしょう。

いくつかの翻訳を見てみると、口語訳では、「静まって、わたしこそ神であることを知れ」、新改訳２０１７では、「やめよ。知れ。わたしこそ神」、新共同訳では、「力を捨てよ、知れ　わたしは神」(11)、聖書協会共同訳では、「静まれ、私こそが神であると知れ」(11)と訳されています。ある英訳では、「しばし中断し、休止して、わたしが神であることを知れ」と表現しています。

いずれにせよどれも、騒ぎ立つ海の水(3)、戦いに立ち騒ぐ国々(6)の姿と対照的な態度が求められています。神の主権と臨在を認めないところに、人間の騒乱が起こります。この10節は、神は一切の状況と現実の上におられる主権者であること、また、いまここに私たちと共におられる臨在の神であることを認め、この方に心から信頼するために必要なことを教えています。それは、慌ただしく動き回ることをやめ、自力に頼る不信仰の力みを捨て、しばし静まり、心の目を「いと高き方」（4）に向けることです。

そのために、心の中に神の宮を建て、そこで自分の式文（後述）による「ミニ礼拝」を繰り返すことは、生活のただ中で静まること、そして、神を神としあがめること、さらに、この御前における静まりからすべてのことを始める入り口の一つだと言えるでしょう。

詩篇46篇10節の訳は「静まって」をはじめ、先のようにさまざまですが、そのほかにも、〈武装を解いて〉〈肩の力を抜いて〉〈手を放して〉〈じっと待って〉〈控えて〉〈休んで〉などとも訳されます。これらを以下のように意訳してみました。

よけいなことを止めて、静まる。

しばし立ちどまって、静まる。
焦ってがたがた騒がないで、静まる。
握りしめているものを手放して、静まる。
しがみついている手を解いて、静まる。
「俺が私が」の気負いや力みを捨てて、静まる。
じっと待って、静まる。
分をわきまえ控えて、静まる。
武器を置き、武装を解いて、静まる。
リラックスして、静まる。
一休みして、静まる。

それぞれの日常生活の状況の中で、また、いま直面している現実の中で、これまで紹介したさまざまな静まりのうち、自分はどのような静まりを最も必要としているか省みることが、静まりの第一歩になるでしょう。

第一部では、限られた時間での静まりの可能性をいくつか挙げました。文字どおり〈しばし立ち止まって静まる〉ことは、日課の散歩やウォーキングのとき、また、どこかに向かって歩いているときにもできます。私の場合は健康的理由から、毎朝のウォーキングが欠かせません。初めは果たさねばならない務めの一つとしてやっていました。ある時から、それを静まりのチャンスとして思えるようになりました。

いまは、決まったルートのある場所に来ると、しばらく立ち止まって、空を見上げながら、詩篇やイザヤ書から大空を高く見上げるみことばをいくつか唱えます。雨の日にも、雲や雨をうたう箇所を唱えると、よい静まりの時になります。そうしてから再び歩きだすと、祈りのウォーキングに変わってきます。

これは、日常生活でしなければならないことであっても、工夫次第でそれを静まりのチャンスに変えることができる一例です。

立ち止まって、心の耳を澄ませる

忙しい生活でとかく失いがちなのは、「しばし立ち止まり、ふり返る」という心の姿勢です。予定表に詰まっている先のことだけを見て、それをこなすことに精いっぱいになってしまいます。次々に起こる思いがけないことへの対応で追われていくうちに、半年が、一年が、あっという間に過ぎてゆきます。

ホロコーストから生還したヴィクトール・フランクルが、強制収容所の極限状況の中で悟ったように、生きていることの、また、さまざまな体験の自分にとっての意味を見いだすことは、活きる力を与えます。意味が見出せないと、多くの活動で表面上は忙しくしていても、心は退屈し、疲れてきます。また、心で深く感じたり、感動することが少なくなります。

信仰の歩みでも、出来事や体験の霊的な意味を見出せないままで、目に見える現象に一喜一憂するだけなら、信仰生活にマンネリや淀みが出てきます。神の臨在を見失い、いま、ここに語りかけてくださる神の語りかけも聞こえなくなってしまいます。

意味を見出すために大切なことは、自分にとって意味深いと思われる出来事や体験を思い起こし、思い巡らすことです。静まって、次のような問いを自分の心にゆっくりを問うことができます。すぐ答えが出せなくても、問い続けることが大切です。


「この出来事は、この体験は、私にとってどんな意味を特つのだろうか」

「このことに対して、私はどんな反応、対応をしただろうか。それはなぜだろうか。また、そこには自分の何が現れているのだろうか」

「このことを通して、神は私に何を語ろうとされているのだろうか。また、私自身について、私のあり方や生き方について、何を示されておられるのだろうか」

「神は、この現実の中で、どう生きるように私を招いておられるのだろうか」

ナウエンは『いま、ここに生きる』の中で、このような問いを自分に問い続けることを勧めています。このような問いに、はたして答えがあるだろうかとの疑問に対し、次のように答えています。

ありります。しかし私たちがまず、その問いを生きようとしない限り、また、リルケが言っているように、それと気づかなくても、いつか答えにたどりつくことを信じることなしに見出すことはありません。……私たちのなすべきことは、答えが徐々に私たちに明らかにされてくることに信頼することです。

マルコの福音書8章を見ると、直前に経験した出来事の意味を悟らず、まとはずれな反応をしていた弟子たちに、イエスは問われました。「覚えていないのですか。……まだ悟らないのですか」。私たちも、心の目を、心の耳を開いてくださいと祈りながら、思い起こし、思い巡らすのです。

私たちの人生の旅路には、素晴らしいことや喜ばしいことだけでなく、悲しいことや思いがけない試練もあります。でも、それらすべての中に神が共にいてくださったことを信じるとき、その一つひとつに向き合うことができるようになります。

途中下車、一休み

新型コロナウイルス感染防止のステイホームが長引いたとき、心身の不調を覚えた人が少なくなかったそうです。私も、次々に予定が中止や延期となり、急に生まれた空白の時間の中で、何もしないのに心身が疲れるという経験をしました。旅の途中で台風に見舞われ、足止めをくらった列車の中で、いつか分からない運転再開をひたすら待っているような気分でした。

こんな状態がかなり続く中で、この状況に対する気持に少しずつ変化が出てきました。ある友人と電話で話しているとき、私のこの新しい心境を的確に言い表す言葉を語ってくれました。それは、「途中下車」という言葉です。普段は急ぐ旅で通過してしまうところで途中下車をして、そこの景色や街並みを改めて眺めながら一休みをするイメージです。ある本のなかにこんな言葉をみつけました。

○○○○○○○をするなら、あなたは自分本来の姿に目覚め、現在という瞬間を意識できるようになる。同時に自分の一生を貫いている糸を見つけるのも容易になる。自分がどういう人間なのか、どこから来たのか、どこへ行こうとしているのか、そして、どこへ行きたいのかを見出すのにも役立つ。さらには、自分が求めている目標、理想、夢を思い出し、自分がいま実際にやっていることをなぜ始めたのか、それを思い出すのにも役立つ。

その結果、いまやっていることが本当にやりたいことなのか、その見きわめがつくようになる。……自分本来の姿に目覚めること、そして、忘れていた大切なことを思い出すこと、この二つこそ○○○○○○○をすることによって得ることのできる宝物なのである。

この文章にある「○○○○○○○」に、あなたならどんな言葉を入れますか。

私は30代の終わりに長期間の静まりのリトリートに参加しました。このリトリートでは、みことばの黙想の時を日々ゆっくりと持ち、それまでの人生の歩みをさまざまな視点からふり返りましたが、次のような問いを手がかりにしました。

［　　］内に心に浮かんできた言葉を入れます。

・私にとって生きるとは［　　　　　　］（自分の人生をどう見て、感じているか）
・人はみな［　　　　　　］（周りの人々、あるいは人間一般をどう見て、感じているか）
・私とは［　　　　　　］（自分という人間をどう見て、感じているか）
・成熟した私とは［　　　　　　］（自分が成熟したら、どんな人間になるだろうか）
・私の死とは［　　　　　　］（自分の生涯の終わりについてどう思い、感じているか）

また、これらの問いを、現在だけでなく、15～18歳のころは、7～8歳のときは、大きな危機に直面したときは、どうだっただろうかと思い巡らしました。

さらに、自分が知っている範囲での父や母だったら、彼ら自身についてどう答えるだろうかと推測しました。そのうえで、答えの見つからない問いも含めて全体を眺め、何か気づくことはないか、また、どんな感想が湧いてきたかを確かめました。

人生の棚卸しともいえるそのリトリートを通して、私はそれまでの自分の生き方とその問題について、神との関係や信仰のあり方について、また、私の心の底にある願いについて、徐々に目が開かれてきました。そのリトリートは、まさしく私にとって○○○○○の時でした。

ある本とは、前述の『急がない！――ひとりの時間を持ちなさい』で、○○○○○○○は、「立ち止まること」です。

「静まって、わたしこそ神であることを知れ」（詩46・10）

前述したように「静まって」は、新改訳2017では「やめよ」、新共同訳では「力を捨てよ」、聖書協会共同訳では「静まれ」です。

いずれにせよ忘れてはならないのは、この詩篇に見る静まりや停止や休止の勧告は、平穏で順境のときではなく、地震や津波、あるいは戦争のような大きな危険や危機に直面しているときの勧めであったことです。そのようなときの私たちの自然な反応は、静まったり、止まったりするのではなく、焦って騒いだり、走り回ったり、武器を取って身構えたりすることでしょう。しかし、ここにある勧めは、それとまったく逆のことをするようにというものです。

もう一つ忘れてはならないのは、この勧めは何のためかということです。それは、疲れて燃え尽きないためでもなく、ストレスで心身が損なわれないためのものでもありません。天地の主である神を親しく知るためです。いま直面している大変な状況の中で、「わたしこそ神であることを知りなさい」という、神ご自身による招きです。

詩篇46篇の記者が静まって知った神は、どのような神だったでしょうか。「苦難のとき、必ずすぐそこにいて助けてくださる方」（1）、「神の都のただ中におられ、夜明け前に助けてくださる方」（5）、「共にいてくださる万軍の主」（7、11）でした。

では、どうしたら大きな危険や危機に直面したときに、静まること、止めること、立ち止まることができるでしょうか。そこへの一つの道は、そうすることが普段の生活の一部となるように、日々修練を積むこと、そのような生き方が身に着くまで、自分なりの仕方で日々練習することです。

「静まって、わたしこそ神であることを知れ。わたしはもろもろの国民のうち

にあがめられ、全地にあがめられる」（同・10口語訳）

静まることは、自分の魂の声や神の語りかけを聴くために、心の耳を澄ませることです。静まることの深まりは、独りになること《ソリチュード》、また、沈黙すること《サイレンス》によってなされます。心の耳で聴くとは、自分の全存在がそこにあって沈黙し、相手に向き合うことから始まります。

沈黙と聞くと、黙らなければいけないとか、話してはダメなどの禁止や否定の重苦しさを感じる人がいます。家庭や学校で抑えつけられた沈黙（静粛）の体験があるからでしょうか。しかし、静まりにつながる沈黙は、積極的で開放的なものです。

早春のある朝、公園を歩いていると、その年初めての鶯《うぐいす》の鳴き声かのようなさえずりが聞こえました。私だけでなく付近にいた何人かも、しばし立ち止まって、沈黙して、耳を澄ませて、次の鳴き声を待っていました。しばらくして聞こえた鳴き声は、やはり鶯のものでした。そのときの感動はいまでも心に深く残っています。

そのように、沈黙は心の耳を澄ませることです。自分の心の声ともいえる思いや感情を、また、向き合う人や神の語りかけることばを心で深く聴き取るために、口だけでなく、心も黙ることです。この沈黙があるとき、私たちは聴いたことばへの心からの応答ができるようになります。

また、独りになることについて難しさを感じる人もいます。独りであることを表す言葉に「孤独」があります。その意味は二つあり、独り取り残される孤独《ロンリネス》と、自ら独りになる孤独《ソリチュード》の違いがそこにあります。静まりに導く孤独は後者のものです。前者の孤独は、人から切り離されたさびしさを伴うものです。後者の孤独は、自分自身の心に近づき、寄り添うものであり、また、愛の神に近づき、神とだけ過ごすためのものです。そのような後者の孤独から生まれる静まりの中で、神と人との心の交わりが生れます。

存在・臨在に向き合う――プレゼンス

独りになること、独りでいることはたやすいことではありません。また口の沈黙、とくに心の沈黙はとても難しいものです。これらの一つひとつが修練・訓練を必要とします。とかく忙しい日々を送っている私たちにとって、誰かや何かに向き合って、自分の全存在をもってその前にいることは、特に難しいことです。

体はそこにいても、心そこにあらずということがよくあります。沈黙を締め出す言葉の洪水と多忙さの中に生きる私たちにとって、これこそ、難しくも必要な修練です。

誰かに、あるいは何かに向き合って身も心もそこにいることを、英語ではPresent《プレゼント》という言葉で表します。そして、目の前にあるもの、そこに存在することをPresence《プレゼンス》と言います。語源的には、「前に」と「ある」からなる言葉ですが、いまこの時（現在）もPresent《プレゼント》です。現在とは、私の目の前にある（あるいは、私がいま向き合っている）時であるからです。さらに、贈り物もPresent《プレゼント》です。贈る相手の目の前に差し出され、置かれるものだからでしょう。拙著『しばし立ち止まり、ふり返る』で少し触れましたが、犬養道子は、『幸福のリアリズム』の中で、目前にある美しいアルプスの山や谷のプレゼンスに身も心もプレゼントであった老夫婦が、その山や谷から素晴らしいプレゼントをもらい、いかに感動していたかを描いてこう言っています。

> いま現在（プレゼント）生きている心だけが「そこに在る（プレゼント）」ことができ、あたりをとりまいて在るもろもろの事象や人の美しさや善さがかもし出す贈り物（プレゼント）を受けることができる。（中略）すべての事象に対して、いま現在、プレゼントであり、そのゆえにこそすべての事象はその本質の何かしらを彼らに対してもプレゼントしつづける。

これらのことは、私たちと神との関係にも当てはまるのではないでしょうか。

神のプレゼンスとは、神の御前、あるいは神の臨在（現存）を意味します。ブラザー・ローレンスの『敬虔な生涯』の英語題は、The《ザ》 Practice《プラクティス》 of《オヴ》 The《ザ》 Presence《プレゼンス》 of《オヴ》 God《ゴッド》（神の御前にいる修練）です。ローレンスにとって、神の御前・臨在（プレゼンス）に留まりながら生きる（プレゼントである）ことは、修練することによって、また、実践し続けることによって深まる体験でした。

旧約聖書では、神の臨在を神の御顔と表現しています。詩篇105・4に「主とその御力を尋ね求めよ。絶えず御顔を慕い求めよ」とあるように、みことばの学びと黙想、そして、神への応答としての祈りと共に、神の御顔を慕い求めて、沈黙の中で神に心を向けること、すなわち神を待ち望む沈黙の祈り（観想の祈り）が、生活の中の霊性の中心に置かれる必要があります。

私の魂よ
なぜ打ち沈むのか、なぜ呻くのか。
神を待ち望め。
私はなお、神をほめたたえる
「御顔こそ、わが救い」と。
わが神よ。（詩42・12 協会共同訳）

自分の魂との交わり

詩篇の中には、自分の心、自分の魂との対話や交流が多く見られます。そこには、自分自身との、自分の内面との深い交わりの世界が映し出されています。

床の上で自分の心に語り、静まれ（詩4・4b 新改3版）。私は助言をくださった主をほめたたえる。まことに、夜になると、私の心が私に教える（16・7 新改3版）。あなたに代わって、私の心は言います。「わたしの顔を慕い求めよ」と。主よ。あなたの御顔を私は慕い求めます（27・8 新改2017）。わがたましいよ。なぜ、おまえはうなだれているのか。私の前で思い乱れているのか。神を待ち望め（42・5、11 新改3版）。夜には私の歌を思い起こし、自分の心と語り合い、私の霊は探り求める（77・6 新改3版）。わがたましいよ。主をほめたたえよ（103・1、2、22、104・1、35、146・1 新改2017）。私のたましいよ。おまえの全きいこいに戻れ。主が おまえに良くしてくださったのだから（116・7 新改2017）。まことに私は、自分のたましいを和らげ、静めました。乳離れした子が母親の前にいるように、私のたましいは乳離れした子のように私の前におります（131・2 新改3版）。

現代人はこのような自分の心、自分の魂との対話や交流を、内省、反省、熟慮、熟考などの言葉で表現するかもしれません。それらはすべて思考の世界に属する言葉です。しかし、詩篇に表わされているこれらのものは、単なる思考ではありません。

前述の詩篇の中で興味深いのは、新改訳第3版の訳による42篇5節、11節と、131篇2節にある「私の前」という表現です。一方は自分の魂がうなだれ、思い乱れている状態で、もう一方は和らぎ、静まっている状態です。そして、そのような状態で私の魂が「私の前」にいると言っています。

この不思議な表現を無理に解釈して「御前」とした訳もありましたが、自分の魂に向き合い、語り合い、働きかけることができるように造られている私たちの魂の神秘を認めるとき、「私の前」と言うことができるのではないでしょうか。27篇8節には、「あなたに代わって」（新改、新改3版、新改２０１７）という興味深い表現があります。私に対する神の語りかけの言葉を、自分の心が神を代弁して私に告げているというのです。この不思議な表現にもさまざまな訳が試みられていますが、そのほとんどが、心の経験の神秘性をそのまま認めるよりも、理にかなう言葉に置き換えて理解しようとする訳に見えます。

この27篇の記者は、自分の心の声をじっと聴いていくとき、その奥底に神の招きの言葉を聴いたのです。これは16篇7節にある、主が助言を下さったことと、「私の心（内なる思い）が私に教える」の並列に通じるように見えます。

どうしてこのように「自分の魂との交流」「自分の心との対話」ができるのでしょうか。一つのヒントがこれらの詩篇の中に見られます。それは「床の上」「夜」

という言葉です（4・4、16・7、77・6）。これは単に場所と時間のことを言っているのではなく、独りになれるところ、静まれる時、つまり、孤独と沈黙がある状態、状況を意味しています。

あなたは私の心を調べ　夜　私を問いただされました（17・3）。夜には　主の歌が私とともにあります。私のいのちなる神への祈りが（42・8）。床の上で　あなたを思い起こすとき　夜もすがら　あなたのことを思い巡らすときに（63・6）。主よ　夜にはあなたの御名を思い起こし……真夜中に　私は起きてあなたに感謝します。あなたの正しいさばきのゆえに（119・55、62）。

「床の上」、また「夜」では、自分の心との対話や自分の魂との交流が起こるだけではありません。そのとき、神との対話と交流も生まれるのです。

心に宮を建てる

　ここまで日常生活の慌ただしさ、忙しさから退いて静かに主の御声を聞くことの大切さを見てきました。それは、日常を生きる生き方が変わるためです。しばし退いて静まり、主との交わりを深めることと、日々の生活を主の御前で、主と共に生活することとは、両方とも必要です。そして、この両者は密接につながっています。後者が実現するために、前者が必要であるとも言えるでしょう。

　どうしたら、これらのことが可能になるでしょうか。生活の場からひととき離れて、静かな自然の中で祈りと黙想の時を持つことができるならば、それはすばらしいことです。しかし、誰もがこのような機会を持つことができるわけではありません。しかし、あきらめる必要はありません。前述しましたが、あるとき、これまでたびたび見てきた『讃美歌』313番の歌詞に一つのヒントがあることに気づきました。1番をここでもう一度見てみましょう。

この世のつとめ／いとせわしく、／ひとのこえのみ／しげきときに、
うちなる宮に／のがれゆきて、／われはきくなり／主のみこえを。

この人は、騒がしく忙しい生活のただ中で「うちなる宮」に退いて、主の御声を聞く術《すべ》を知っていました。自分の心の中に神殿を持っていたので、いつでもそこに入って、しばし主の前に静まることができたのです。

ソロモン王が神殿建設に7年を要したように、私たちの心の中の神殿建設にも時間がかかります。また、その建設にはさまざまな障害や妨害とも直面するでしょう。外側の騒音より内側の騒音も問題です。ここに修練（エクササイズ）の意味があります。以下にあげるように、さまざまな霊的修練を紹介する資料も手に入るようになりました。自分に合ったエクサイズが見つかるまで、いろいろ試し、見

つかったならそれを続けるとよいでしょう。途中で中断しても、再開の喜びを待てばいいのです。（参考資料・片岡伸光著『主の前に静まる』、R・フォスター著『スピリチュアリティー成長への道』、J・B・スミス著『エクササイズ』Ⅰ・Ⅱ・Ⅲ、S・S・フィリプス著『修養する生活』、C・スウインドル著『全能の主との親しい交わり』）

「うちなる宮」に関連して、詩篇には「心の中のシオンへの大路」ということばがあります。

なんと幸いなことでしょう。
その力があなたにあり
心の中に シオンへの大路のある人は。
彼らは涙の谷を過ぎるときも
そこを泉の湧く所とします。
初めの雨も そこを大いなる祝福でおおいます。

彼らは力から力へと進み
シオンで神の御前に現れます。（詩84・5～7）

このことばは、神の宮があるシオンへの巡礼の旅がイメージされています。どんな苦境のときも、すぐ神の御前に行くことのできる心の道ができている人は「なんと幸いなことか」と、記者は感嘆の声を挙げています。

大路とは整備された広い道で、ある英訳でハイウェイ（Highways）と訳されています。実際の神殿まで通じるよく整備された広い道路の建設も、多くの時間と労力がかかります。どんなときでも神の御前に直行できる心の神殿への大路の建設も、時間のかかる修練が必要です。

ブラザー・ローレンスは、まさしくこの心の大路の建設に生涯をかけて取り組んだ幸いな人と言えるでしょう。彼の修練については、第4部で取り上げます。

リトリートのスペースを作ること

リトリート（Retreat）とは、退くこと、また隠れ家に避難することを意味します。そこから黙想とか静修という意味にも使われることもあります。前にあげた『讃美歌』313番の由木康による歌詞は、70年以上たったいまでも新鮮さを失わないどころか、ますますその意味深さが増しています。

忙しく、慌ただしい生活の中に、しばし立ち止まって、静かに心の耳を澄ませることのできる時と所を、いまほど必要とするときはないのではと感じます。上の歌詞が書かれたころのノルウェーでも、O・ハレスビーはこう述べています。

今日のキリスト教会ほど騒がしく、やすらぎのない時代が、いままでにあっただろうか」と問いたい気持ちです。うわべだけの騒々しい、静かになることのない時代に対して、「主の前に静まれ、沈黙して主に向かえ」というみことばが語られるのです。このみことばほど、いま、必要とされている言葉はありません。(『みつばさのもとに』)

おそらく、いつの時代もこの必要は変わらないでしょう。福音書でのイエスの行動を見ると、「イエスは……ただひとり、また山に退かれた」(ヨハ6・15)とか、「イエスは……自分だけで寂しい所に行かれた」(マタ14・13)、また、「イエスは、朝早くまだ暗いうちに起きて、寂しい所へ出て行き」(マコ1・35)という記述が見られます。二千年前も、静けさを求めて退くこと、寂しい所に出て行く必要があったことが分かります。

退いて静まり、自分のありのままの姿に向き合う時、沈黙の中で心の耳を澄ませ、その自分に語ってくださる神を待ち望む時が、どうしたら日々の生活の中で実現するかは、私たちにとって大きな課題です。

よく言われる「静思の時」が、日々有意義になればそれに越したことはないのですが、実際は、そのメニューを急いでこなすことで精いっぱいという人が少なくありません。

日曜日が、「静まって、わたしこそ神であることを知れ」（詩46・10 口語訳）との神の招きに応える時になっているかと問えば、現実は、諸々の集会の日、また、奉仕や活動で忙しい日となっていることもまれでありません。もっと暇ができるときまで（その時が来るかどうかは分かりませんが）待たねばならないのでしょうか。

多忙な生活でもできることがあります。それは、一人で、あるいは同じ志を抱く人々と、文字どおり生活の場から退き、静まりの時間を作ることです。場所は、誰かの家でも、教会堂でも、黙想の家のような所でも可能です。時間は2、3時間、半日、1日、1泊2日、数泊と、さまざまな形が可能です。

一人であるなら、馴染みのカフェで週末の朝に落ち着く時を2、3時間持つこともできるでしょう。静かな公園でも可能です。1年に1、2度は生活の場から離れて、自然の中で泊まり込みの本格的なリトリートを持つことも、決意すれば不可能ではありません。要は「退く時と所」を生活の中に作ろうとする意志です。それがあれば道は開けます。黙想の家や祈りの家などの施設が、全国各地に存在しています。

その形はいろいろであっても、その目指すところは、前述の『讃美歌』313番の2番が、一人ひとりの体験となることにあります。

昔 主イエスの　山に野べに
ひとをばさけて　ききたまいし
いともとおとき　あまつみこえ、
今なおひびく　わがこころに。

「あなたはわたしの愛する子。わたしはあなたを喜ぶ」という天からの御声にイエスが押し出されて使命に生きたように、私たちもその同じ御声を聞き、イエスに従う者となるためです。

心の神殿でのミニ礼拝

これから紹介するものは、「内なる宮」での礼拝の一つの形です。この礼拝は数分間の短いものですから、いつでも、どこでも、日に何回でもすることができます。私は、自分で作った式文で30年以上使い続けていますが、その内容は、約半年間いろいろ試して決めました。以来ほとんど変わっていません。大切なのは、式文を自分で作ることです。

式文の構成は以下のようなもので、全体を3分から5分で終えるようにします。

1　始めの言葉――心を神に向けるのを助ける短い一言。たとえば、「私のたましいは、沈黙して、あなたを待ち望みます」

2　**聖書の言葉**——旧約聖書と新約聖書から、神に近づくことを助けるみことばを一節ずつ。

3　**賛美**——神を求め、神を礼拝することを助ける賛美歌、聖歌、ワーシップ・ソングなどから1曲。その曲の中の1節だけ選ぶ。

4　**祈り**——聖書の中の祈りか、よく知られている誰かの祈り。あるいは自分で決めた祈り。

5　**勧めの言葉**——先人の言葉や本からの引用で、自分にとって神の前に出ること、また、そこに留まることを励ます言葉。

6　**結びの言葉**——神の御前に留まり続けることを助ける、しめくくりの短い一言。例えば、「主はぶどうの木、私は枝です」。

自分に合った礼拝式文を作るには、これまでの信仰生活で自分にとって意味深いみことばや歌、助けとなった本や人の言葉を思い起こすといいでしょう。それらの中から、いまの自分にぴったりするものを選びます。自分の式文が一応できたら、しばらくそれで礼拝の時を持ち、必要なら変更します。

これでよいと思えるものができたなら、少なくとも半年は続けます。しばらくすると全体を暗記することができ、いつでも、どこでも、数分間の「私のミニ礼拝」を持つことができるようになります。半年後に、必要なら改訂版を作ることも可能です。１年間続けるなら、心の中の神殿は完成し、そこでの礼拝が自分の一部になることでしょう。

教会の礼拝の始まる前に、自分だけの「ミニ礼拝」を持てば、公同礼拝のよい備えになります。大切な会議の前や、一つのことが終わって次のことに移る前の移行の間を取るときや、移動する電車やバスの中でも行うことができます。

「内なる宮」での礼拝のもう一つの可能性は、「主の祈り」を唱えることです。主イエスがこう祈りなさいと教えてくださった祈りですから、いつでも、どんな境遇にあるときも祈ることができます。私の場合は、「天にましますわれらの父よ」の呼びかけを始めの区切りとして、全体を七つに分けます。そして日曜日から毎日一区切りをその意味を思い巡らしながら祈ることを続けています。そのときごとに同じ祈りでも、その意味が広がったり、深まったりします。ある人は、「主の祈り」を1日のうちに何10回も唱えるそうです。「主の祈り」による「内なる宮」での礼拝を続ける場合、この祈りについての講解を何冊か読むと助けになります。また日本のキリシタンが迫害下で祈った以下の「主の祈り」を祈ることも、彼らとの連帯を感じ、励ましになるでしょう。

天にましますわれらが御《おん》おや御名《み》をたっとまれたまへ。
御代《みよ》来たりたまへ。
てんにおひておぼしめすまゝなるごとく、ちにおひてもあらせたまへ。
われらが日々《にちにち》の御《おん》やしなひを今日《こんにち》われらにあたえたまへ。
われら人にゆるし申《もうす》ごとく　われらがとがをゆるしたまへ。
われらをテンタサン〔「誘惑」の意〕にはなし玉ふ事なかれ。
我等をけうあく（凶悪）よりのがしたまへ。アメン。
（海老沢有道校註『長崎版どちりなきりしたん』岩波文庫）

とんちんかん

「目があっても見ないのですか。耳があっても聞かないのですか。あなたがたは、覚えていないのですか。……まだ悟らないのですか」(マコ８・18〜21)

一見厳しいこのことばは、イエスのことばを誤解して、とんちんかんな議論をしていた弟子たちに語られたものです。パンを持ってくるのを忘れた弟子たちは、手元にパンが一つしかないのに気がついて、一行の食事はどうするのか、そもそも忘れたのは誰の責任かと議論を始めたのでしょう。

しかし、少し前に彼らは、イエスが七つのパンで４００人を満腹させた奇跡を見たばかりでした(８・１〜８)。それ以前にも五つのパンで５００人が養われた奇跡も経験していました（6・35～44）。それらのパンの奇跡のときのことを覚えているかとイエスが問われたとき、彼らは覚えていると答えました。

弟子たちの問題は、出来事は記憶していても、その出来事の意味が分かっていないことでした。見たり、聞いたりして経験したことは記憶していても、その経験の意味を悟っていなかったのです。心が堅く閉じていて、心の目で見たり、心の耳で聞くことができなかったのです。

これは弟子たちだけの問題ではありません。大切な出来事や経験を忘れてしまったり、覚えていても、そのことの意味を悟ることが少ないのは、私たちも同じではないでしょうか。

ＣＬＳＫが主催する静まりのリトリートでは、みことばを思い巡らす黙想と、生活を思い巡らすふり返りを大切にします。そしてその二つは深くつながっています。黙想を通して、いまの自分に、いまこの現実の中で生きる自分への神の語りかけを求めます。そのためには、いまの自分の状態、自分の心と思いが分かっていることが必要です。自分が置かれている現実、自分の周りで起こっていることの意味に気づくようになるためです。

ここで求められる「分かる」とは、頭で分析して知的に理解するというより、心で悟ることです。静まって、ふり返り、思い巡らす中で与えられる気づきです。「心の目と心の耳を開いてください」と祈りながらふり返り、そしてみことばの黙想に取り組みます。またあるときは、まずみことばを黙想し、それから与えられる新しい視点で生活のふり返りに取り組みます。

冒頭の弟子たちのとんちんかんが、耳の聞こえない人の癒やしの記事（マコ７・31～37）と、目の見えない人の癒やしの記事（８・22～26）に挟まれていることにも深い意味があるように思えます。心の目と耳が閉じていて、主の癒やしを必要としているのは、ほかならぬ弟子たちであり、また私たちであることを示しています。

また、この二つの記事は、時と場所だけでなく、耳の聞こえない人と目の見えない人という違いがありますが、いくつかの共通点もあります。まず、二人とも人々が彼らを連れてきて、イエスに手を置いて癒やしてくださるように願ったこと、次に、連れてこられた人をイエスは人々から引き離し、一対一で向き合ったこと、さらに、すぐ癒やさずに、いろいろな手順を踏んで、一歩一歩、しかもつばきをつけることまでして癒やされたことです。同じく目が見えないバルテマイを癒やした場面（マコ10・46～52）とは対照的です。

その理由の一つの可能性は、彼らをイエスのもとに連れてきた人々の信仰ではなく、目の見えない彼ら自身の信仰を引き出すために、手間ひまをかけたと見ることができます。

すでに触れましたが、日常生活の中に起こるさまざまな出来事、いろいろな経験の意味が見えるようになり、それらを通して語られる主のメッセージを聞き取れるようになるには、独りになり、主の前に静まることが必要です。冒頭のトンチンカンな弟子たちの姿、そしてその前後に記された二つの癒やしの記事も、その必要性を教えているように思います。

「いつものように」、「いつもの場所」で

霊的な生活を深めるための方法にはいろいろあります。多くの人が大切にしている日々の「静思の時」、あるいは「ディボーション」もそのエクササイズの一つと言えるでしょう。それ以外にできることを以下に挙げてみます。

①古代東方教会に起源を持つ「イエスの祈り」。「神の子、主イエス・キリスト、罪びとであるわたしをあわれんでください」を、呼吸のリズムに重ねて祈る。②短いひと言の祈りを日に何回も祈る射祷。③断食をして祈る。④祈りの家や黙想の家に退いて個人で、またはグループで持つ静まりのリトリート。⑤ある期間、一つの福音書を繰り返し読む黙想。⑥読もうと決めた信仰書を通勤電車でじっくり読み続ける。⑦日曜日に聴いた礼拝説教を一週間反芻《はんすう》する。⑧教会全体で

決めた聖書の通読箇所を毎日読み続ける。⑨早天祈祷会への出席。⑩週末お気に入りの場所に出かけて静まる。⑪毎晩、その日の出来事をふり返って思い巡らす。⑫その他のさまざまなエクササイズ。

第1に大切なことは、現在の自分の年齢、信仰経験、生活環境などに合った方法を見つけることです。ディボーション一つをとっても、信仰の若いときに助けになった方法も、いまではそうでなくなることが起こりえます。かつてはできた方法も、生活環境や状況が変わって難しくなることもあります。一つの方法をずっと続けることが合う人もいれば、時々の変化が助けになる人もいます。

次に大切なことは、どんな方法であれ、それをすることが、食事をとることや歯を磨いたりするのと同じ生活の一部になるように続けることです。時々とか、時たまではなく、毎日、毎週、毎月、毎季、半年毎、毎年など、「毎」が重要です。そのためにそれらを、いつも決まった時間に、いつも同じ場所で持つようにすれば、それに越したことはありません。

私はある時期、毎朝少し早めに家を出て、事務所の隣の喫茶店の決まった席に座り、決まったミルクティーを飲みながら静まりの時を何年間も持っていました。いまは、毎朝、家の中の同じ場所で静まり、その後、外に出て、1年中ほぼ同じ道を歩きながら思い巡らしの時を持っています。またここ20年近く、同じノートを毎年買い換えてジャーナル（心の日記）をつけています。

それからイエスは出て行き、いつものようにオリーブ山に行かれた。弟子たちもイエスに従った。いつもの場所に来ると……。（ルカ22・39～40）

ルカの福音書のゲッセマネの園でのイエスの祈りの記事には、「いつものように」と、「いつもの場所」にという言葉がさりげなく挿入されています。十字架にかけられる前の晩の最後の闘いとも言える特別な祈りの時のために、イエスは、「いつものように」、「いつもの場所」に行かれました。

私たちも人生の大きな危機に見舞われたとき、あるいは重大な岐路に直面したとき、「いつものように」、「いつもの場所」に行くことができるならば幸いです。「いつもの場所」は、ある特定の場所に限りません。私はかつて旅の多い生活を続けていたので、私にとっての「いつもの場所」は、いつも持ち歩いていた小さな日記帳でした。どこに行っても、朝のウォーキングの前にそれを開くと、そこが静まりの場所になりました。そこで前日をふり返り、前に述べた日々をふり返る祈りである「意識の究明の祈り」（57頁）を、日記帳に書きながら行いました。

ある子育て中の婦人は、子どもたちを寝かしつけた一日の終わりに、きれいに片づけた食卓の上に、5分間だけ燃える小さなろうそくをともして静まっているとのことでした。彼女にとって、ろうそくのともされた食卓が「いつもの場所」でした。

いま、ここに生きる

「いま」と「ここに」は、私たちのいのち、生活、人生を、意味深いものとして生きる上で鍵となる言葉です。

しかし、ヘンリ・ナウエンが指摘するように、いま、ここに生きることは、たやすいことではありません。悔いや咎めが過去に引き戻そうとしたり、明日への恐れや心配が、今日から引き離そうとするからです。神はそんな私たちを、過去の束縛から、将来の思い煩いから解放し、「私たちがいまある、まさにその場所で神を見出すことを望んでおられるのです」(『いま、ここに生きる』)。

しかしこの「いま」は、今までと今後から切り離された刹那《せつな》の「いま」ではありません。「ここ」も、どこかからここに来たのであり、ここからどこかに向かうここです。私たちは皆、時と場所の連続する流れの中に生きています。三位一体の神と共に生きる生き方という意味でのキリスト者の霊性は、生活を日々の歩みとして、また、人生を旅に例える聖書の視点から、その人生の全行程の中での「いま」「ここ」を視《み》るのです。

いまここに私が立っている場所は、これまでに起きたすべての出来事によって成り立っています。そのすべてが、神の導きのもとにあることを受け止めましょう。……悪いことでさえ、愛の神の臨在を離れては起きなかった、ということです。（前掲書）

聖書で、神から人間への最初の問いかけは、次のことばでした。

あなたはどこにいるのか。（創3・9）

「いま、あなたはどんなところにいるのか、どうしてそこにいるのかを、わたしの前にはっきりと述べよ」と神は呼びかけられます。ハガイを通しても、「あなたがたの歩みをよく考えよ」と繰り返し呼びかけられました（ハガ１・５、７）

この神の問いかけ、呼びかけに応えて、私たちも自分に問いかけます。私は、いま、どこにいるのだろうか……。どこから来たのだろうか……。ここからどこに行こうとしているのだろうか……と。立ち止って、思い起こし、思い巡らしつつ、これらの問いを自分自身に問いかけるのです。

私たちの人生のさまざまな出来事や経験について、ナウエンは次のような自分に対する問いかけをするように勧めています。

このことに、いったいどんな意味があるのだろうか。神はどんなことを私たちに語ろうとされているのか。この現実のまっただ中で、神はどう生きるように私たちを招いているのだろうか。（前掲書）

これらの問いへの答えは、他の人が自分に代わって見出すことはできません。神の御前に自分の人生を生きるために、自分で見出すほかに道はありません。しかし、私たちの内におられ、いつも共におられる真理の聖霊の助けがあります。ですから、私たちは独りになり、静まって待つことができるのです。また、他の人と集ってこれらの問いを、互いに優しく問いかける交わりを持つことも大きな助けになります。

あなたは、ここで何をしているのか。（王上19・9、13 協会共同訳）

空の鳥、野の花、地に生える木を見ること

イエスは、空の鳥をよく見ること（マタ６・26）、野の花がどう育つかを注意して見ること（６・28）の大切さを教えられました。この見ることは、ただ見ることではありません。向き合ってじっと見つめることであり、見えるものを通して見えないものを観《み》ることです。そして見えないものを観る目で、自分を見直すことです。

イエスは、空の鳥や野の花だけでなく、地に生えている木を見なさいとも言われました（ルカ21・29）。いちじくの木、オリーブの木、棕櫚《しゅろ》の木など、周囲に生えているすべての木を見なさいと言われました。ただ見るのではなく、それらの木すべてを、大切な真理を教えている生きた例えとして観るようにと言われまし

た。そして、その例えの意味が観えるか観えないかは、その人の運命に深く関わることだと警告しました。

私たちは毎日、何を見ているでしょうか。人間が作った物だけを見ていると、大切なものが観えなくなります。足元の草や花、また、道端の木をじっと見る時を持っているでしょうか。

よく見れば　なずな花咲く　垣根かな（松尾芭蕉）

しばし立ち止って、身近なものをじっと見つめるとき、何の変哲もない草花や街路樹であったとしても、普段見えないものが観えてきたり、はっとする気づきや感動が起こることがあります。

静まることの中心には、沈黙して心の耳を澄ませて聴くこと、そして、じっと心の目を凝らして観ることがあります。そのような目で、じっと木を観た心に生まれた詩があります。

きりすとを　おもいたい
いっぽんの木のようにおもいたい
ながれのようにおもいたい（八木重吉）

木は自分で動きまわることができない
神様に与えられたその場所で
精一杯枝を張り、
許された高さまで
一生懸命のびようとしている。
そんな木を私は友達のように思っている（星野富弘）

また草花や木々のたたずまいから、祈りの心のあり方を観たマザー・テレサの霊想もあります。

自然が、木が、花が、草が、完全な沈黙の中で成長するのを見てください……沈黙の祈りのうちに受け取れば受け取るほど、私たちは日常の行動の中でより多くを与えることができるのです。（マザー・テレサ）

私は朝のウォーキングを日課にしていますが、しばしば足を止め、道端に生えている草や咲く花をよく見るようにしています。また、道沿いや丘に生える木々の季節によって変わる姿も眺めます。最近は、植物の名前がその場ですぐ分かるアプリのお蔭で、草花や木々との親近感が増してきました。その親しさによって、ウォーキングという体のエクササイズが、心の、また、魂のエクササイズになっていくことを願っています。

目を覚まして誘惑に陥らないように

「誘惑に陥らないように、目を覚まして祈っていなさい」（マタ26・41）

「わたしは悲しみのあまり死ぬほどです。ここにいて、わたしと一緒に目を覚ましていなさい」とイエスに頼まれたにもかかわらず、ゲッセマネの園で眠ってしまったペテロ。その直後、彼は人を恐れ、イエスを知らない、一切関係ないと3度も否定しました。イエスの生涯で一番大切なときに、愛する主を裏切ってしまったこのときのことを、ペテロは一生忘れることはなかったでしょう。

数十年後、ペテロは試練の中にあるキリスト者にこう書き送りました。「身を慎み、目を覚ましていなさい。あなたがたの敵である悪魔が、ほえたけるライオンのように、だれかを食い尽くそうと探し回っています」（Ｉペテ５・８）。「目を覚ます」ことに加え、しらふでいるという意味の「身を慎む」ということばを添えて、この二つのことばで、無自覚的に生活することのないように勧めています。

自分はいまここで何を、なぜ、何のためにしているかを自覚している状態、また、自分の内にいま、どんな思いやどんな気持ちが湧いているかを意識している状態です。反応ではなく応答する心の有りようです。

私たちにとっての課題は、どうしたら「身を慎み、目を覚まして」生活することができるか、です。その第一歩は、心が酔っぱらって、眠っているような生き方に流される危険性を自覚することでしょう。また、そのような生き方が自然で正常なものとみなされる現代に、私たちが置かれていることを忘れないことです（エペ５・14～18、Ｉテサ４・５～７）。

冒頭に触れた「誘惑に陥らないように、目を覚まして祈っていなさい」に続いて、イエスはこうつけ加えました。

「霊は燃えていても肉は弱いのです」（マタ26・41）

目覚めてしらふでいる心を維持するためには、体の状態にも注意を払う必要があると言っているかのようです。あるいは、肉体的な弱さを通して誘惑がやってくると警告されたのでしょうか。いずれにせよ、体の健康状態へのケアも、霊的修練と深く関係があることは間違いないでしょう。

この二つを結びつけたエクササイズを、毎日のルーティンとして身に着くまで続けることが大切です。前に紹介しましたが、さまざまな霊的修練を紹介する書籍、古今東西のエクササイズから、いまの時代に合ったもの、また自分に合ったものを見つけて試すことから始めましょう。

そのようなエクササイズを学ぶグループがあるなら、それに参加するのもいいでしょう。一人では難しくても、交わりの中で取り組むなら励まし合うことができます。ＣＬＳＫでは、さまざまなエクササイズを体験的に学ぶいろいろなリトリートを定期的に開いています。そこが、参加者各自の日常生活で取り組めるものを見出せるよい機会となるよう願っています。

ある教会では有志に呼びかけ、先に触れたＪ・Ｂ・スミス著『エクササイズ』で紹介されている霊的エクササイズを、一つずつ取り組むことを続けています。ファシリテーターが一つの修練の説明をしたあと、日々の生活の中で各自がそれに取り組み、1か月後に、その経験を分かち合います。

この取り組みの利点は、一人では難しくても、関心のある人々と一緒にすることで継続できることです。また、さまざまなエクササイズをやってみて、自分に合う修練を見つけることができます。また、他の人の経験や発見からも刺激を受けることができます。これは、105ページで紹介した他の本でも同様に取り組むことができます。

第3部

牧者としての魂のセルフケア

ここでの牧者、また牧会者とは、牧師・伝道師はもちろん、信徒として他の人の信仰生活や霊的成長の助け手として関わっている人、これから関かわろうとしている人をも意味しています。

自分自身の魂のケア

牧者として、会衆のためにすることで何よりも大切なことは、自分自身の魂をケアをすることである。

これは米国のプリンストン神学校の校長兼牧会学教授であるクレッグ・バーンズによる著作からの一文です。これは、パウロが牧者テモテに与えた以下の勧めのことばを、バーンズ師がかみしめたことから出てきたのではないかと推察できます。

敬虔のために自分を鍛錬しなさい（Ｉテモ４・７）。自分自身にも、教えることにも、よく気をつけなさい。働きをあくまでも続けなさい。そうすれば、自分自身と、あなたの教えを聞く人たちとを、救うことになるのです。（4・16）

パウロはエペソの長老（牧者）たちへの告別説教の中で、「あなたがたは自分自身と群れの全体に気を配りなさい」と同様の勧めをしています（使20・28）。パウロはテモテに対してはエペコー（ἐπέχω）ということばで、エペソの長老に対しては、プロセコー（προσέχω）という言い方で牧者としての心構えを勧めています。どちらも、注目するとか注意深く見るという意味が含まれています。

何事でもケアの第一歩、またその中心は、ケアする対象をよく見ること、観察することにあります。この二つの勧めの直後に続くパウロの「そうすれば」ということばの重大性を考えると、バーンズが、「何よりも大切なこと」と言っている理由もうなずけます。

私はこの十数年間、牧会者およびその配偶者を対象とした学びのクラスを担当してきました。そのとき、パウロのテモテへのこの二つの勧めを土台として、またこの二つを結びつけ、自分自身によく気をつける修練を中心にして実践的に学んできました。次に、いくつかの修練を取り上げていきます。

その準備として、考えさせられるもう一つの文を紹介します。

牧会の働きの中で経験する問題のほとんどは、彼（彼女）が、自分が牧師《パスター》であることを忘れることに因《よ》るものではない。最大の問題は、彼（彼女）が、自分が一人の人間《パーソン》であることを忘れる時に起こる。

この言葉は、神学校で牧会学と牧会カウンセリングを教えているゲアリー・ハーバウが著書で述べているものです。一人の人間であるということは、体と心と魂を持つ存在であり、この世にオギャーと生まれときからいままで、父や母、また兄弟姉妹、そして多くの人々との深い関わりで育てられ、成長してきた存在であるということです。

心と体と魂のすべての面での現在には、これまでの人生の歩みが、深く、大きく、影響しています。ですから、自分に気をつけるとき、そららの各側面に注意深く注意を向けます。そして現在だけではなく、これまでの人生の道のり、また、その途上でのいろいろな人々との出会いと関わりについても注意を向け、いまの自分を形成していることを見ていきます。

牧者およびその配偶者のクラスでまずすることは、自分自身によく気をつける修練のはじめとして、自分の体と心と魂それぞれの状態・調子について、以下の問いに答えながら注意深く眺めます。

① その調子を測る自分にとってのバロメーターは何か？
② 最近、何か変わったことがあるか？ もしあれば、それはどんなことか？
③ 何か気がかりなことがあるか？ もしあれば、それはどんなことか？
④ 気がかりなことがあれば、それに対して何をしているか？ もし何もしていないなら、その理由は何か？
⑤ 体と心と魂について、前の問いへの答えを見ての感想や気づきは？

これまでの人生の道のりで出会った人々の中で、最も大きな影響を受けたものは家族との関係でしょう。父との関係、母との関係、そして、父と母の夫婦としての関係、きょうだいとの関係、これらの関係が複雑に絡みあった中で私たちは生まれ、育ってきました。特に、両親との関係について思い巡らすとき、しばしば深い感情が湧いてきます。

人生の棚卸しとも言えるあるリトリートに参加したとき、自分の両親との関係について、その準備となるふり返りをしながらゆっくり時間をかけて取り組みました。準備の一つは、父の人生について、母の人生について、その出生から、幼児期、学齢期、思春期、青年期、結婚、子どもの誕生、壮年期、老年期や死などについて、知っていること、聞いたことを書いてみることでした。このことによって父を、また母を、自分にとっての親としてだけでなく、彼らも彼らの親の子として生まれ、育ち、固有の人生を生きてきた一人の人間として見る助けになりました。

何よりも牧者に必要なこと

あるとき、霊的同伴（個人面談）で経験豊かな人に、次の質問をしたことがあります。「牧者（牧師）が燃え尽き、うつ的落ち込み、失望・落胆に苦しんでいるとき、その回復のために何がいちばん必要ですか？」。彼はこう応えてくれました。

「静まって、神の臨在《プレゼンス》（現存）を経験することが回復の第一歩だと思う」

これを聴いて、それまで私が体験した危機とその意味の重さを、より深く理解できるようになりました。私は現在まで各地で牧会者やその配偶者のためのリトリートを開いてきました。そして神の前での静まりを中心にする理由の一つは、参加者一人ひとりの最も必要とすることが、神の臨在の恵みをいただくことだという、個人的な確信があるからです。

人口の多い街に住んでいるかぎり、騒がしさや慌ただしさからなかなか逃れられません。普段の生活で静まることは容易なことではありません。ですから日常から離れるリトリートで静かな環境に身を置くと、心の中の騒音や雑音が余計に聞こえてきて、じっとしていられないという人も少なくありません。しかし本当の問題は、時代や環境ではなく、私たちの内側にあります。

静まることの第一歩は、独りになることです。人の声や音がなるべく少ないところで沈黙するのです。独りになることと沈黙は、静まりが深まるために欠かせない両輪です。静まろうとすると、内側の騒音に気付いたり、そのとき直面している問題や状況への対応策が頭に浮かんで、じっとしていられない自分に出会います。

まずはその現実をそのまま認め、受け入れることが静まりの入り口です。また落ち着くためには、体と呼吸を整えるエクササイズが助けになります。体のいろいろな部分に注意を向け、体が感じていることをそのまま確認し、そして体の緊張や無理が少なくなるように姿勢を調節します。

無意識にしている呼吸、とくに吐く息に注意を向けます。そして、その呼吸のリズムを意識して、呼吸と呼吸との間の短い休み（まさしく休息の時）を味わえるようになれば、だんだんと心も落ち着いてきます。体から切り離された心や魂を捉えることは、本来聖書が教えている見方ではありません。

静まりは、いわゆる自分を無にするとか無心になることではありません。自分の心の声、魂の言葉を聴くためであり、そして神の語りかけを聴くためのものです。聴くためには、自分の全存在がそこにいて自分に向き合うことと同時に、心が沈黙して静まっていることが必要なのです。

ずいぶん前に、4週間の黙想会に参加したことがあります。毎日まず20分間主に心を向けて沈黙することから始まりました。初めの内は心の中の雑念で静まることがまったくできませんでした。そのうち、会場近くの村で工事が始まりました。毎日、朝から午後までドリルの音が響きわたるようになり、私の心は内外の雑音や騒音で乱れたままでした。そのためか、その20分間の中では何も起こりませんでした。それでも、続く時間でのみことばの黙想や人生のふり返りなどでは、意味深い経験をすることができました。そして、最後の週のある朝、村の小道を歩いているとき、神の臨在を体で感じたとしか言えないようなことが起こりました。

それから数か月後、大きな危機に直面したとき、神のその臨在という同じ感覚がよみがえってきました。それゆえか、落ち着いて、しかも自分では思いつかなかった不思議な方法で、その危機に対応することができました。

この経験から学んだことは、神の前に沈黙し、静まる心の姿勢が大切で、たとえその時間の中で何も起こらなくても、決して無駄ではないということでした。

私の魂はただ神に向かって沈黙する。
私の魂よ、ただ神に向かって沈黙せよ。（詩62・2、6　協会共同訳）

自分の心と交わる

他の人の信仰生活や心のケアに関わっている人で、自分の心との交わりやケアをおろそかにしている人に多く会いました。かつての私がそうでした。自分の魂のケアのためには、主の前に静まり、自分の心とのコミュニケーションを持つことが大切です。そのための道の一つは、既に見たように詩篇の中の「夜」や「床の上」という言葉と結び付いています。

床の上で自分の心に語り、静まれ。（詩4・4 新改3版）

まことに、夜になると、私の心が私に教える。（16・7 新改3版）

ああ、私は床の上であなたを思い出し、夜ふけて私はあなたを思います。

（63・6 新改3版）

昼は活動の時であり、夜は静止、休息の時です。昼は人々と共にいる時であり、夜は床の上で一人静まる時です。夜、床の上で、自分の心に語りかけ、問いかけ、また、心の声に耳を傾けます。昼間の人々との関わりの中での出来事や経験を、また、自分の言動を思い起こし、思い巡らすと、自分のありのままの姿を見ることができ、心の深い所にある思いや感情に触れることができます。そこから、主への悔い改めや自分の正直な思いの告白、また、感謝や賛美が湧いてきます。自分の心との交わりが深まる中で、主との交わりが自ずと深まってくるのです。

私たちはいま、このような意味での「夜の時」を生活から締め出させる強大な力に囲まれて生きています。24時間利用可能なコンビニ、24時間視聴可能なメディア、24時間通信可能なインターネットやＳＮＳは、一人静まる時を持つことをますます難しくしています。

現代の多くの人は、肉体の慢性的睡眠不足（睡眠負債）に加えて、心の生活での「夜の時」の慢性的欠乏症にかかっています。つねにスマホを手放さず、外からの刺激がないと落ち着かない「禁断症状」に陥っている人も少なくありません。このような状態では、主の前に静まることはほとんど不可能に近いことです。

自分の心のケアのために主の前に静まることを回復する第一歩は、毎日、たとえ5分、10分でも「夜の時」を持ち、自分の心とのコミュニケーションを持つことから始まります。私たちの内におられる聖霊が、私たちを、私たちの心に、そして、私たちの父なる神に近づけてくださいます。

神である主、イスラエルの聖なる方は、
こう仰せられる。
「立ち返って静かにすれば、
あなたがたは救われ、
落ち着いて、信頼すれば、

あなたがたは力を得る」（イザ30・15 新改３版）

神の静まりへのこの招きと救いの約束は、イスラエルの民が大きな危機に直面していたときに告げられました。しかし、彼らは神の招きに応えず、その約束に信頼しませんでした。このことは私たちにとって大きな警告です。

すでに見たように、主イエスは、生涯の最大の試みに直面されたときも、いつものように、いつものところに行かれて静まる時を持ち、その試みに勝たれました。

次の詩篇が私たちの経験となり、告白となれば幸いです。

私はいつも主を前にしています。
主が私の右におられるので
私は揺るがされることがありません。（詩16・8）

自分自身に目を注ぐ（体、心、魂）

牧会者向けのセミナーをするときは、病院での問診のように、はじめに以下の問いへの答えを書いてもらうことは前に書きました（140頁）。自分へのケアの第一歩は、自分の状態を注意深く見る（見立てる）ことだからです。それは次の三つの要素です。

自分の状態を診るバロメーターについて

① 自分の体の状態、調子を測るバロメーターは何か？
② 自分の心の状態、調子を測るバロメーターは何か？
③ 自分の魂の状態、調子を測るバロメーターは何か？

ここでの三つの分類は、厳密に調子を測るというより、おおよその自分の感覚です。ここでの「体」とは身体的な面であり、「心」は精神面、つまり感情、情緒、気分、思考（知性）を指します。「魂」とは、「体」も「心」も含めた自分の全存在の状態、その底からくる願望、不安、恐れ、神への願いなどを指します。これらの三つは、次のように期間を決めて問うことができます。

①の体について。この数か月の状態はどうか？

(a) 全体的な調子はどうか？
(b) 何か変わったことはあるか？
(c) 何か気がかりなことは？
(d) 気がかりなことがあれば、それに対して何をしているか？ 何もしていないなら、それはなぜだろうか？

②の心について。この数か月の状態はどうか？

(a) 全体的な調子はどうか？

(b) 何か変わったことはあるか？

(c) 何か気がかりなことは？

(d) 気がかりなことがあれば、それに対して何をしているか？　何もしていないなら、それはなぜだろうか？

③の魂について。ここ数か月の状態はどうか？

(a) 全体的な調子はどうか？

(b) 何か変わったことはあるか？

(c) 何か気がかりなことは？

(d) 気がかりなことがあれば、それに対して何をしているか？　何もしていないなら、それはなぜだろうか？

④①②③のここ数か月の状態についての問いへの答えを眺めてみて、いまどんな気持ちか？　何か気づいたことは？

セミナーでは、以上の問いについて、それぞれが30分ぐらいかけてゆっくりと思い巡らします。答えを書き終えてから、参加者は二人か三人で最後の問い④への答えを中心に分かち合うことをします。

その際、聞く人は、聞くことに徹します。この分かち合いは、アドバイスをもらうためではなく、自分について話すこと、そして聴いてもらうことにあるからです。

大抵の場合、この自己問診は半年ごとにします。毎回の答えや気づきを記録して、後でそれを比較すると、自分の状態についてよりよく分かってきて、自分の体、心、魂のケアの必要が、より具体的に見えてきます。

自分を学習の対象とする

「牧者として、会衆のためにすることで何よりも大切なことは、自分の魂のケアをすることである」というバーンズの言葉を前に紹介しました。そして、パウロのテモテに対する勧めの言葉「自分自身にも、教えることにも、よく気をつけなさい」（Iテモ4・16）とのつながりを取り上げました。そして、それまでの自分の状態について注目するエクササイズも紹介しましたが、数々の霊的著作で知られるR・フォスターはこう述べています。

もし自分自身を学習の主要な対象とするならば、われわれは徐々に高優から解放されるだろう。……一日を通し、家庭で、仕事場で、学校で出会う平凡な人間関係に注意深く目を配ってみよう。……もし、他者を裁く気持ちが自分自身の内に湧いてくるのに気づいたなら、むしろそれを観察し学習しなさい。……前述のようにわれわれの学習の主要な対象は自分自身である。「われわれ自身」をコントロールしているものが何かを学ぶべきである。あなたの内面の感情や気分の揺れを観察しなさい。何があなたの気分をコントロールしているのだろうか。（『スピリチュアリティ――成長への道』）

「自分自身に目を注ぐこと」や「自分自身を学習の主要な対象とすること」という二つのことは、とかく忙しい毎日の中で続けることはたやすくありません。特に牧会者にとっては、人々のことに心を配り、人々のための奉仕やその備えに心を砕き、人々のために祈るだけで時間が足りないと感じることが多いでしょう。では、どうしたらよいでしょうか。

結論を言えば、独りでがんばるのでなく、友との交わりの中で始めることです。そうすれば、続けられる可能性が高まります。セルフケアとは、自己責任で孤軍奮闘することではありません。自分の体と心と魂のケアをすることができ、また、ケアを受けることができる場に身を置くことです。

毎朝公園で仲間と一緒にラジオ体操をしたり、定期的に歯科医で検診をしてもらうのと同じように、定期的に、互いの体や心、また魂の状態について分かちあったり、尋ねあったりする交わりの機会を友と作るのもセルフケアと言えるでしょう。ある人にとって、このような友との交わりを祈り求めることが、継続的なセルフケアの第一歩かもしれません。

私の場合は、自覚的にそのような友を求めるようになったのは40代に入ってからです。何10年も魂の友との友情を持っている人の体験談を聞いて刺激されたからです。そして不思議にそのような友が与えられ、定期的に交わりを持つようになりました。50代に入って、私は遠くに転居したため、改めて友を探し求めました。いまなら、転居後もビデオ通話で続けられるかもしれませんが、不思議にも、魂の友といえるようになった友が与えられ、その友情が30年近く続いています。

やがてこの交わりに参加したい人が次々に現れ、牧会者とその配偶者のための「静まりのセミナー」が生まれたのです。半年に１度、２泊３日の時間を持ち、2年間を1サイクルとする形で始まりました。このセミナーでは、半年間のそれぞれの歩みをふり返る時を持ち、そこからの気づきを分かち合いました。この交わりの中で、「自分自身に目を注ぐこと」と「自分自身を学習のおもな対象とすること」の経験を積む良い機会になりました。

現在では、同じようなセミナーが各地で開かれています。そのほとんどが、初期のセミナーに参加した方々がその必要を自覚し、自分の地区でも持ちたいと始めたものです。

静まりの「間」を持つ

すでに述べたように、セルフケアを中心とする牧会者とその配偶者のためのセミナーを十数年続けてきました。参加者の中には、何年も続けて参加する人が少なくありません。その人々にとってこのセミナーは、自分の体と心と魂の状態の定期検診となっているようです。それぞれが第一部で紹介したさまざまなふり返りをしながら、人生の旅の途上で体験する出来事や出会いの意味を思い巡らすことをしています。そこから得られる気づき、また神からの呼びかけや招きは、意味の発見に深く結びついています。

このセミナーのもう一つの意義は、生活の中に静まりの「間《ま》」をあえて作ることにあります。牧会者にとって日々の仕事は、家事や育児と同じようにきりがなく、もうこれで充分とは言えないものです。そんな生活の一つの危険は、びっしりと詰まった目前のことを次々にこなすだけで、立ちどまり、ふり返る「間」を持たないまま走り続けることです。

そんな生活を続けていると、ただ時間と空間を大急ぎで移動しているだけで、一つひとつのことの意味が見えないむなしさや退屈感、疲労感がたまって、燃え尽きや体調不良、不眠、病の原因になりかねません。

「間」とは、合間や隙間の空間ですが、一つのことが終って次のことに移る前の時間の「間」をも指します。年度の終わり、季節や暦の変わり目、転居や転職などのタイミングに「間」を作ることができるなら、人生の旅路がより意味深いものになるでしょう。

片岡伸光はその著『主の前に静まる』の中で、「移行期の祈り――トランジショナルクライシス」と題して、この「間」を持つことの大切さについて3章にわたって述べています。第1の移行期の「間」は、一つの仕事から次の仕事に移るときの体と心を休めるために、いっぷく入れる数分の短い時間です。クリスチャンにとっては、主の前に静まり、今した仕事を主に報告し、感謝する時にもなると勧めています。

第2の移行期の「間」は、週単位、月単位、季節単位、年単位などの長い期間で、この間では、「主のこれまでの導きを受け止め、現状を思い巡らし、大きな流れの中で主を受け取りなおすもの」と述べています。

第3の移行期の「間」は、青年期から壮年期へ、壮年期から中年期へ、中年期から高年期へなど、人生全体の中にある移行期です。著者はこの移行期について、「主とともにこれまでの歩みを振り返り、次の歩みを展望する、私の人生に区切りを入れる絶好の機会」と呼んでいます。

すでに紹介したクリスチャン・ライフ成長研究会（CLSK）では、年2回の「1日リトリート」を開催しています。これは第2の移行期のためのふり返りと祈りのよい機会となっています。このリトリートでは、最後にそこでのふり返りから、自分の日常生活に持ってかえり、大切に育てていきたい一つの種、ないしは自分への「おみやげ」は何だろうかと考えます。そしてそれらを毎日の生活で活かすことのできる小さな一歩は何だろうかも考えます。そして、これらを数人で分かち合い、お互いのために祈り合うこともします。

また、毎年、１週間のライフ・リビジョンセミナーも開催していますが、これは第三の移行期のための静まりのリトリートで、「人生の棚卸しセミナー」とも呼ばれています。

第１の移行期の祈りは、個人的に日々の生活の中でするものですが、ある人は第２の移行期のふり返りのために、毎年６か月ごとに日常生活の場から離れ、数日間の個人リトリートを持ち、そのまとめとして自分の霊的同伴者に、そこでの気づきや経験を聴いてもらうことを続けています。

ここでは、生活の中に「間」の時を取ることのさまざまな可能性を紹介してきました。最後に、移行期がトランジション・クライシスと呼ばれることに注目したいと思います。クライシスとは危機を意味しますが、どんな移行期にも危険があります。「間」の時を持たない危険です。「間抜け」になる危険、「魔がさす」危険です。しかし、危機は好機の時、成長のチャンスの時でもあります。

密かな動機に目を注ぐ

自分自身を注意深く見守り、そして気をつけることは、自分の魂のメンテナンスとも言えますし、魂のケアとも言えます。それには継続することが何より大切です。

自分自身に注目する中でも特に重要と思われる奉仕への動機について、これから見てみましょう。これは年齢や立場・責任によって少しずつ変わってきます。パウロが、「あくまでそれを続けなさい」と勧めている理由はそこにあるかもしれません。以下は、自分について注目するエクササイズの一例です。

神の召しに従い、霊的な奉仕に従事している牧者の心に、「聖なる動機」と共に、きわめて人間的で自己中心的な動機が密かに混ざっていることが少なくありません。次に挙げたのはその中のいくつかです。しばらく静まって、自分の内にこのような混ぜ物が働いていない省みてみましょう。

(1) 自分の価値を証明したいという動機

人のために仕えること、人を助けることによって自分の存在価値を証明したい、あるいは確認したいという動機がある。奉仕はそのための手段である。その底には、自分の価値や存在の意義についての深い不安があることが多い。この動機が強いと、人からの評価が非常に気になる。否定的な評価や批判を受けると大きく動揺し、自分はダメだとしょげこむか、激しく感情的に反発し、攻撃的な反応をする。

(2) 自分を必要とする人を得たいという動機

(1)の動機にも関連しているが、この動機が働いていると、一生懸命に働いていても、その結果、人々が自分に依存するように仕向ける働き方をする。「なくてはならぬ人」と言われることに大きな喜びを感じる。また、自分が必要とされる状況をわざと作り出すこともある。人に委ねることや手放すことがとても難しい。人が自分から離れて行くと裏切りと見る。

(3) 人とのつながりを得たいという動機

人のために何かすることで、その人と何らかのつながりや交わりを持ちたいと願う。誰かのために何かをしてあげるという関係以外で人と関わることが難しいため、一生懸命に奉仕する。また牧師、教師、伝道師などの肩書きや立場なしに人と付き合うことが嫌しい。人への奉仕が自分の孤独感や孤立感を癒やすための手段になる。

(4) 愛情や親しい交わりへの飢え渇きを満たしたいという動機

(3)の動機にも関連しているが、自分の心の奥に深い不安感や、人から受け入れられ、愛されることへの飢え渇きがあるため、奉仕への「お返し」として、相手からの愛情や親しい交わりを期待する。この動機が強いとき、自分の周りに人をつなぎとめるために「べたべた」とした接し方をする。期待したお返しがないと、「あれだけしてあげたのに」と恨む。

(5) 優越感を得たいという動機

人を助ける、教える、導く、訓練するという立場に自分を置くことを通して、自分が上だという優感感を持ちたいと願う。優劣、勝ち負けで人やすべてを見る競争心が、この動機と結びついている。この動機の背後には、密かに劣等感に悩んでいる心がある。あるいは自分の人生に対する深い挫折感を感じ、傷ついている心がある。

(6) 人を支配したいという動機

奉仕を通し、立場を通して人を支配したい（自分の影響下に置きたい、コントロールしたい、自分の願う方向に引っ張って行きたい）という願いからくる動機がある。この背後に深い劣等感があることが多い。しばしば権力闘争がこれから引き起こされる。また、人がそれを認めて自発的に従ってくるのが霊的権威であるのに、それを人に押し付ける権力とはき違え、パワハラになることもある。

(7) 人に無力感を与えたいという動機

この加虐的な動機が働いていると、人を助けたり、教えたりするとき、助けられた人、教えられた人が惨めな気持になるように仕向ける。「こんなことが分からないの?」「こんなことができないの?」「またですか。もういい加減にしなさい」などのメッセージが伝わる仕方で接する。相手が感じる無力感に病的な満足感を見いだす。

自分の人への姿勢や接し方を正直に調べ、複数の混ぜ物の動機が働いていると感じられた人は、それを強い順から挙げてみましょう。なお、この動機の説明はあくまで例なので、自分の場合はそれがどういう形で現れるかを考えましょう。

心を静めて、これらをじっくりとふり返ってみます。もし、こうした混ぜものが見つかったなら、どうすればよいでしょうか、それを次に紹介します。

自分の中にある混ぜもの

　前章では、牧者としての奉仕の動機の中にある、きわめて人間的で自己中心的な動機のうち7つを挙げました。一つでも混ぜ物が見つかったとき、第1にすることは、そのような動機が、純粋な動機と共に自分にあることを正直に認めることです。第2に、そのあるがままを主に告白し、赦しと解放を祈り求めます。その際、信頼できる友や師に打ち明け、共に祈ることができるなら幸いです。最後に、主は始めからすべてをご存知で私を召し、この務めに立てておられること、そして、これからも必要に応じて自分の内にある混ぜものの動機に気づかせてくださることを信じ、主の憐れみにすがって、主に仕えていくことです。

　さらに、このような動機の底にあるものにも目を向けることができます。心の願い、あるいは魂の求めとも言える、誰もが持っている最も基本的な必要に目を向けるのです。混ぜものの動機は、この基本的な必要が満たされていないしるし、あるいは、症状とも言えます。その基本的な必要とは次の三つが知られています。

①誰かにあるがままの自分を受け入れられること
②誰かに愛されること
③誰かに自分の存在を喜ばれ、価値を認められること

私たちが人格的な存在であるとは、他の人格的な存在に受け入れられ、愛され、認められることを必要としていることにほかなりません。肉体的な命が、水と空気と食物が充分ないと健康に生きられないように、私たちの心も、三つの基本的な必要が与えられていないなら、健やかに生きることができません。

問題は、この三つがどこで、どのように満たされるかです。私たちの奉仕の動機に混ぜものが働いていると、その奉仕は、自分の必要を満たしたいという目的

を果たす手段になってしまいます。奉仕の対象である人さえも手段にしてしまいます。すると、さまざまな問題行動や人を傷つける言動が出てきます。混ぜものの動機に突き動かされ、自分の心の必要を満たそうとしても、そこから得る満足はつねに一時的であり、不安定でもろいものです。

ヘンリ・ナウエンは、『いま、ここに生きる』の中で、自分の存在価値や存在《アイデン》証明《ティティ》を、能力や業績、権力や影響力、また、人の評価に求めることは虚しいこと、そして、そのようなものに基づく自己は偽りであり、幻想であると語っています。また、『静まりから生まれるもの』ではこうも言っています。

独り静まる中で、自分の執着心で凝り固まった幻想の正体をだんだんと見ることができ、そして、本当の自分とは、自力で勝ち取ったりするものではなく、与えられるものであることに目が開かれてきます。（『静まりから生まれるもの』）

ナウエンはまた、イエスがヨルダン川で聞いた天からの声「あなたは、わたしの愛する子、わたしはあなたを喜ぶ」を思い巡らし、こう記しています。

このとき、イエスの本当の姿が宣言されたのです。……イエスはすでに愛されている子でした。それゆえに、人をいかに操作するかというこの世のゲームから自由に生きることができ……ヨルダン川で聞いたあの声に常に忠実であることができたのです。……イエスは私たちに教えてくださいました。罪深く、傷ついている私たちもまた、イエスの生きた神との親しい交わりに招かれていること、イエスと同様、私たちも神に愛されている息子や娘であること、また、イエスのように私たちも、すべての人が神に愛されていることをこの世に宣べ伝えるために遣わされていること……。(『いま、ここに生きる』)

ナウエンのこの洞察が気づかせてくれることは、神の子として神に受け入れられ、愛され、喜ばれていることは、神から与えられている恵みであり、私たちの奉仕の土台であり、また原動力であることです。

混ぜものの動機からの解放は、イエス・キリストを通して神の恵みが私たちの内により深く浸透していくことによって、つまり私たちの基本的な必要が恵みによって満たされていくにつれて、だんだんともたらされていくでしょう。

そして、「私に対するこの神の恵みは無駄にはならず、私はほかのすべての使徒たちよりも多く働きました。働いたのは私ではなく、私とともにあった神の恵みなのです」（Ｉコリ15・10）というパウロのことばを、私たちも言えるように徐々に変えられていくでしょう。

混ぜものの動機という存在への気づきは、神の無条件の愛を、イエス・キリストの恵みのうちに絶えず捉え直し、想い起こす必要があることを示す幸いなしるしと見ることができるでしょう。

五つの衝動に気づく

前章で扱った混ぜものの動機に私が気づいたのは、指導者向けのセミナーに参加したときでした。またさらに別のセミナーに参加したとき、それよりもっと心の深い、「自分を駆り立てる衝動」について知ることになりました。自分の生活や奉仕がいろいろな衝動に突き動かされ、駆り立てられている現実が見えてきて愕然《がくぜん》としました。

隠された動機以外に、無意識の衝動で動かされていた私の生活には、いろいろなゆがみや無理が出ていました。例えば、「人からの批判に対し過敏に反応する」「比較や競争意識にとらわれる」「自分の限界や弱さを認めず、とかく無理をする」「自分だけでなく家族や身近な人にも過重な負担を負わせる」「人に助けを求められずに一人でしょいこむ」……。

体力、気力にまかせて走り続けるうちに、とうとう私は一生付き合う持病を抱えるはめになりました。しかしこのような自分の内側、内面への気づきを通して、自分の内にある傷や深い渇望にも眼が開かれました。自分に対する幻想が破れ、自分の現実が見えてくるにつれ、神の恵みもより具体的なものになってきました。そこから、恵みによって生かされる生き方への歩みが始まりました。その歩みには、外側の行い（Doinng《ドゥーイング》）よりも内側のあり方（Being《ビーイング》）に注意を払い、特に心の動きを識別することが大切であると分かってきました。

魂のケアで大切なことは、1に「注目」、2に「注目」、3に「注目」です。注意深く自分を見る（看る、診る、視る、観る）ことです。英語で言えばアテンションですが、それは、自分を責めるような見方ではなく、自分の現実に優しい視線をそっと向けることです。パウロは、「自分自身にも、教えることにも、よく気をつけなさい。働きをあくまでも続けなさい。そうすれば、自分自身と、あなたの教えを聞く人たちとを、救うことになります。」（Ⅰテモ4・16）と、その重要さと重大さを語っています。

そのためには、私たちの、人間としての成長や成熟をテーマとする心理療法である交流分析の視点が役立ちます。そこでは、私たちを駆り立てる衝動に次の五つがあると見ます。衝動にはそれぞれに、「何がなんでも～～しなければダメだ」がくっついています。

(1)「人（特に自分にとって大切な人）を喜ばせよ」
(2)「強くあれ」
(3)「完全であれ」
(4)「頑張れ」
(5)「急げ」

これらは、そもそも実行不可能なことを人に駆り立てるので、それに巻き込まれるほど泥沼にはまり込みます。そして、これらの無意識的な衝動によって人が駆り立てられるのは、いつの間にか心にすり込まれた反応で、次のように感じたり、思ったりすることによります。

(1)「人（特に自分にとって大切な人）を喜ばせなければダメだ」――人の期待、要請、要求にノーを言ってはダメだ。人の期待、要請、要求に応えず、人を失望させせたら自分はもうダメだ。10人のうち一人でも失望させたら、それは失敗だ。どんな犠牲を払ってでも（たとえ自分や家族に無理を強いても）それに応えなければダメだ。

(2)「強くなければダメだ」――人に弱みを見せてはダメだ。人に助けを求めることが難しい。それは弱音を吐くことだ。どこに行っても人と自分を比較し、優劣・強弱で自他を見てしまう。ありのままの自分を出せないで、つい背伸びしてしまう。

(3)「完全でなければダメだ」――あるものが見えず、ないものがよく見えてしまう。自分の失敗を長いあいだくよくよと悩む。不完全なものごとを赦せない。失敗や不完全を恐れて、なかなか事を始められない。

(4) 「がんばらなくてはダメだ」——「もう充分だ」と言えない。「もう充分した」といつも感じられない。休むことができない。休むことは怠けることだ。楽なのは怠慢や手抜きのしるしだ。歯を食いしばってやらなければダメだ。

(5) 「急がなければダメだ」——何でも素早くしなければダメだ。ゆっくりはのろま。次へ次へと気持ちが焦り、いまここに留まれない。いつも追いかけられているような焦燥感。締め切りぎりぎりなどの、何かの外圧がないとできない。

キリスト者にとっての危険は、これらの衝動を強化し、正当化するために聖書を表面的に読み、短い聖句を文脈から切り離して読んでしまうことです。そうすると、信仰理解や信仰生活が律法主義的になり、まさしく負いきれない重荷を負って疲れ果ててしまいます。あげくの果て、自責の念にとらわれるか、自分は人や状況の被害者だと感じて、怒りや不満を自分の内に蓄め込みます。

禁止令に気づく

交流分析の見方によると、これらの衝動は自分が育った、特に幼児期の心理的な環境によって形成され、心に深く記録されたメッセージから来ていると見ます。その環境とは、あるがままの自分が受け入れられ、愛され、自分の存在が喜ばれることがなかったか、あったとしても条件付きでしかなかったことです。そのような環境で何とか生き延びるためにがんばる過程で、衝動が形成されたと見ます。このような環境を特徴づけるものが、いつの間にか心にすり込まれた12の「禁止令」です。

(1)「存在するな」(存在の否定)――「本当はあんたを産みたくなかった」「あ

んたなんか産むんじゃなかった」「もともと生まれてはいけなかったんだ」「この世界に存在するためには、がんばって自分の価値を証明しなければならない」

(2)「男であるな、女であるな」（性の否定、親や社会から受けた性別に対する期待や差別）——「あなたが男（女）の子だったらよかった」「また女（男）の子だと分かったので堕《お》ろそうかと思った」

(3)「大人になるな」（成長することへの否定的過保護）——「お前にはムリだ。お父さん（お母さん）に任せなさい」「私は自分で判断して決めたり、選択することはできない」

(4)「子どもであるな」（子どもらしさの否定）——「なんて幼稚なんだ」「いくつになったの。もっとしっかりしなさい」「あなたはお兄ちゃん（お姉ちゃん）でしょ」「大人しくしていなさい」

(5)「所属するな」——「どうしてお前みたいな子が産まれたのか」「お前はいったい誰に似たのか」「ここに所属する資格を得るには、何らかの貢献をしなければならない」

(6)「親しくなるな」（親密さの否定）――「じゃまだから向こうに行ってなさい」「そんなにまとわりつかないで」「私は人にあまり近づいてはいけないのだ」「私は人と親密になってはダメだ」

(7)「感じるな」（感情の否定）――「騒ぐな」「泣くな」「はしゃぐな」「怒ってはダメ」「我慢しなさい」「私は感じてはいけないのだ」「私の感情なんてくだらない」「感情は害をもたらす」

(8)「考えるな」（思考の否定）――「私の考えなんて大したことはない」「私は頭が悪いんだ」「考えても無駄だ」

(9)「ユニークであるな（自分であるな）」（個性の否定）――「なぜなぜと、くどい」「お前には分かりっこない」「黙って従えばいい」「お前は変わり者だ」「どうしてみんなのようにできないのか」「私は人と違うからダメだ」「私はぐずでのろまだ」

(10)「成功するな」――「あなたは誰々に似て飽きっぽい」「どうせまた途中で

止めるんでしょう?」「できっこない」「どうせ私は成功できないんだ」「私は何かを成し遂げてはダメなのだ」

(11)「健康であるな」――元気なときは放っておかれ、病気のときだけ優しくされる。「あなたは誰々に似て体が弱い」「私は健康であってはいけないのだ」「健康であることは損なのだ」

(12)「満足するな」――「もっとできるはずなのに」「その程度しかできないのか」「それじゃ大したことない」「私はこれぐらいで満足してはいけない」「できたことを喜んではいけない」

(13)「普通であるな」――「うちはよそとは違うのだから我慢しなさい」「あなたは特別でなければダメ」「私は特別でなければダメ」「みんなが持っていても、私は求めていけないんだ」

生き生きと、自分らしく、自由に、他者と共に生きることを妨げる禁止令を心の中で聞き続けていると、いつの間にかそれは自分の内なる声のようになり、自分に対する否定的な見方や感じ方を持つようになってしまいます。

自分の心の内に働く衝動は、条件なしに誰かに受け入れられ、愛され、自分の存在を喜んでもらえることに対する飢え渇きのしるしと見ることができます。それはまさしく、神の愛と恵みによってしか満たされない飢え渇きではないでしょうか。

衝動からの自由

キリスト者にとっては救いがあります。恵みによって神の子どもとして生きる自由、聖霊によって生きる自由を自分のものとして受け止めることがそれです。それはまた、イエスがくださる休息・安息の中に生きる道です。そのために大切なのは、まず自分の内にどのような衝動が存在し、どのようにそれらが働いているかを自覚することです。

さらに、キリストにある自由を聖霊によって生きようとするとき、どのようになっていくか、その目標を見通すことが大切です。以下は、衝動から自由にされるゴールを目指して繰り返し自分に言い聞かせ、そこに近づけるように祈り求める具体的な目標です。

（1）「人を喜ばせなければダメだ」に対して――時と場合によっては、そのことに「ノー」と言ってもよい。すべての人の期待や求めに応えなくてもよい。自分や自分の家族を大切にしてもよい。自分の人生を生きてもよい。

（2）「強くなければダメだ」に対して――弱いときがあってもよい。人に助けを求めてもよい。勝負や競争をしなくてもよい。スーパーマン・スーパーウーマンにならなくてもよい。自分であってもよい。

（3）「完全でなければダメだ」に対して――不完全であってもよい。有るものを感謝し、喜んでよい。失敗があってもよい。失敗から学べばよい。自分にあるもの、できることを差し出せばよい。

（4）「がんばらなくてはダメだ」に対して――したこと、できたことを感謝してもよい。いまは（今日は）、「これまで」「これで充分」と言ってもよい。休んでもよい。生活や仕事を楽しんでもよい。

（5）「急がなければダメだ」に対して――ゆっくりやってもよい。ていねいにゆっくり。いま、ここにとどまり、じっくり味わってもよい。自分のペースを見つけ、それに従ってもよい。よいタイミングで始めてもよい。

拙著『しばし立ち止まり、ふり返る』で心の生活習慣病を取り上げましたが、その一つに「ダメ出し症候群」があります。幼いときから私たちは、「○○してはダメ」「○○しなくてはダメ」「○○でなければダメ」「○○であってはダメ」など、「ダメ」を数えきれないほど聞かされてきました。そのため、この否定や禁止の言葉が口癖になったり、心に深く染みついて衝動を強化しています。

ですからこれらの「○○してもよい」「○○する自由がある」「○○であってもよい」という心の状態、見方や感じ方がすぐ身に付くことはないでしょう。でも、それに向かって一歩一歩変えられるよう、聖霊の助けを求めることならできます。

そのためには、第一部「聖霊によって生きるために」で述べたような、自分に合った霊的修練に取り組むこと、また、再掲しますが、その前提となる以下の心がけが助けになるでしょう。①つねに、共に、また内におられる聖霊に信頼し、その導きのもとに生活できるよう願う。②聖霊を悲しませたり、無視しないように気をつける。③聖霊の促しや導きへの感受性を祈り求める。④聖霊の導きや照らしを求めて、何でも神に相談する。

昔、イスラエルの人々は律法の一番大切な戒めを忘れないために、さまざまな工夫をすることを命じられました。

これをあなたの子どもたちによく教え込みなさい。あなたが家で座っているときも道を歩くときも、寝るときも起きるときも、これを彼らに語りなさい。これをしるしとして自分の手に結び付け、記章として額の上に置きなさい。これをあなたの家の戸口の柱と門に書き記しなさい。（申６・７〜９）

私たちも自分に合った方法を見つけることができるでしょう。私は、これらの心がけをいくつかの漢字にまとめて、事あるごとにそれを唱えて忘れないように努めています。

静まれと言われても……

主の前に静まることについて、いままでいろいろな反応に接してきました。「いまはそんな余裕がない」「この騒がしい環境では無理」「若いうちは活動が大切」「私のタイプには向かない」など。では、忙しさから解放されたら、静かな自然の中でなら、定年退職後なら、内向的な性格なら、静まることができるのでしょうか。「静まること」が、どのような時や状況の中で求められているか、旧約聖書の数か所から見てみましょう。

主があなたがたのために戦われるのだ。あなたがたは、ただ黙って（静かにして）いなさい。（出14・14）

主の前に静まり（沈黙し）　耐え忍んで主を待て。（詩37・7）

やめよ（静まって、力を捨てよ）　知れ。わたしこそ神。（詩46・10）

「立ち返って落ち着いていれば、あなたがたは救われ、静かにして信頼すれば、あなたがたは力を得る」（イザ30・15）

しかし主は、その聖なる宮におられる。全地よ、主の御前に静まれ（沈黙せよ）。（ハバ２・20）

これらのみことばが語られた時代や状況を見ると、そこに共通していることがあります。絶体絶命や八方ふさがり、激しい闘い、安全安定の土台が激しく揺らいでいるとき、悪がはびこり悪を行う者が栄え、主を畏れる者が苦しめられていたときです。余裕があってのんびりできるときのことではなく、まったく逆の、危機的状況に置かれた人々に語られたことばです。この静まりは、困難な状況の中でこそ、主の御前に沈黙して、主の主権と真実に信頼し、主の憐れみを待ち望もうとする静まりです。

この事実を見ると、これらのみことばを聞いた人にとって、静まることは決してたやすくはなかったと分かります。事実、イザヤは「しかし、あなたがたはこれを望まなかった」と続けて語っています。

現在は、緊急・危急の時ばかりでなく、普段の生活の中でも、独りになり、沈黙して主の御前に静まることは、ますます難しくなってきています。インターネットやスマホの普及で遠くの人といつでも簡単につながることができますし、あらゆる娯楽映像を、いつでも手軽に楽しめる時代に私たちは置かれています。

特にスマホの普及は、多くの点で生活に益や便利さをもたらしましたが、独りになり、沈黙して、主の御前に静まることにおいてはそうとは言えません。多くの人は隙間の時間があれば、習慣的にスマホに向き合うことでそれを埋めてしまいます。それらのことに忙しくしているうちに、神に、そして、自分の魂に心の耳を澄ませる静まりが、たやすく生活から締め出されてしまいます。

「静まりのリトリート」でさえ、グループでみことばの黙想をした経験をふり返ったり、祈ったりする独りになる時間になっても、メールをチェックしたり、ＬＩＮＥでメッセージのやり取りをする姿を、最近はよく見るようになりました。ではどうしたらよいでしょうか。ある人は、朝の数時間はスマホもコンピューターも触らないようにして静まる時間を確保しています。またある黙想会では、スマホを使わないことを申し合わせています。

いずれにせよ、いつの時代でも、静まること、沈黙して主を待ち望むことは自然にできることはなく、意図的に取りくまなくてはなりません。それを妨げる力はつねに強く働いています。「誘惑に陥らないように、目を覚まして祈っていなさい」とのイエスの警告は、新しい意味を持ってきていると言えるでしょう。

静まる時間を取り分ける

静まる時間を持たないことについて、ヘンリ・ナウエンはこう警告しています。

キリスト者として生きるということは、この世に属さずに、この世に生きるということです。こうした内なる自由は、独り静まるなかで育まれます。……独りきりになるところのない生活、つまり、静かな中心を持たない生活は、簡単に破壊的なものになってしまいます。（『静まりから生まれるもの』）

では、どうしたら日常生活の中で静まりを確保することができるでしょうか。いまはそのためのヒントやエクササイズもいろいろ紹介されていますが、いちばん大切なことは、その必要性に目覚めることです。それに目覚めざるをえないのは、静まりの欠如から痛い目に会ったことからきます。その必要性に目覚めたなら、自分に合った、自分に可能な静まりの持ち方は必ず見つかります。

福音書を注意して読むと、イエスの公生涯はつねに多くの人に囲まれ、また、弟子たちとあちらこちらに移動する「忙しい」生活でした。しかイエスは、あえて独りになり、独りで祈る時を大切にしていたことがかいま見えます。

それからすぐに、イエスは弟子たちを舟に乗り込ませて、自分より先に向こう岸に向かわせ、その間に群衆を解散させられた。群衆を解散させてから、イエスは祈るために一人で山に登られた。夕方になっても一人でそこにおられた。（マタ14・22〜23）

だが、イエスご自身は寂しいところに退いて祈っておられた。（ルカ５・16）

イエスは、人々がやって来て、自分を王にするために連れて行こうとしているのを知り、再びただ一人で山に退かれた。（ヨハ６・15）

さて、イエスは朝早く、まだ暗いうちに起きて（家を出て）寂しいところに出て行き（退き）、そこで祈っておられた。（マル1・35）

ナウエンは、イエスの「独りの時」を黙想し、こう記しています。

イエスは祈るために寂しい所に出て行かれました。それは、自分の持つ力はすべて与えられたものであること、自分が語る言葉もすべて父からのものであること、また、自分がする業はすべて、自分ではなく、自分を遣わされた方の働きであることを、さらに深く自覚するためでした。（前掲書）

独りになる時間を持たない生活、つまり、静かな中心を持たない生活は、簡単に破壊的になり、自分が神に愛され、神の子とされたものであることを忘れ、自分が何者であるかを証明しようと自分の活動の結果だけにしがみつくようになる、と警告しています。

前にも述べましたが、昨今は物理的に一人でいてもつねに誰かとつながり、情報にアクセスする時間が増えました。ですからいまは、誰もが忙しい状態にあるといえます。そのような中で、まずは数秒でも立ち止まり、静止し、独りになることから始めるといいでしょう。

以前、ある神学校の修養会に招かれたとき、テーマを「忙《ボウ》、忘《ボウ》、茫《ボウ》」としました。この三つの漢字にはみな、失う、なくなるという意味の「亡」が入っています。あくせくして忙しい生活では、とかく心を失い、大切なことを忘れて心を失い、あげくの果てには、茫然として自分を見失うという危険を表したものです。まさしくナウエンの述べた静かな中心を持たない生活の危険です。

「二人ずつ遣わされた」——アカウンタビリティ

パウロは第一テモテ書4章の中で、「敬虔のために自分自身を鍛錬」すること（7）、「信者の模範」となること（12）、自分に与えられている「聖霊の賜物」を大切にすること（14）、自分の奉仕における「進歩」に努めること（15）を勧めています。そして、これまで何度か本書で取り上げたように「自分自身にも、教えることにも、よく気をつけなさい。あくまでそれを続けなさい。そうすれば、自分自身をも、あなたの教えを聞く人たちをも、救うことになります」（16 新改3版）と締めくくっています。

これほどまでに重要視されている自分自身のあり方に対する注意、取り組みをどうしたら持続できるかは、牧会者、伝道者、また人間の魂に関わろうとする人にとって、じつに大きな課題です。
しばしばこれは自己訓練、自己管理の事柄であって、自分一人で負う自己責任として捉えられがちです。この考え方は、一人ひとりの責任を強調するあまり、孤立的な個人主義的偏りに陥る危険があります。ハンス・ビュルキは、テモテへのこのパウロの勧めを、主イエスが弟子たちを二人ずつ遣わされたこととのつながりで捉えています。

互いに対してする奉仕と、二人が共同して他の人に対してする奉仕とを区別しようとすることは誤りでしょう。……この注意（自分自身に対する注意）を持続するために、二人の関係が役に立ちます。これは自己欺まんの可能性を少なくします。当事者たちを鼓舞して、毎日の生活に教えを「受肉化する」ことを可能にします。（『主の弟子となるための交わり』）

このように、「自分自身によく気をつけること」を自分一人でするのではなく、それを持続可能にするために、友との「二人の交わり」を大切にするようにと勧めています。

「友」というとき、どのようなイメージが浮かんでくるでしょうか。幼なじみの竹馬の友、趣味を共にする同好の友、かつて共に机を並べた同窓の友、主義・主張を同じくする同志としての友などが浮かんできます。しかし、自分の信仰や生活に注意を払い、吟味することを助け合う「魂の友」(ソウル・メイト)を持つ人はまれではないでしょうか。

私はいろいろな人に、「友達がいますか?」、「友としてのどんな交わりを持っていますか?」とよく尋ねます。私の経験では、「魂の友」としての交わりを持っている人は10人に一人いるかいないかです。

それは、寄りかかる甘えの依存ではなく、誰にも頼らないという孤立でもなく、それぞれが自分の責任を負うという意味での自立を支え合う、相互関係です。これは自然には生まれません。甘えの文化、または個人主義の考え方が浸透する中で生活する私たちにとって、「魂の友」としての相互に支え合う交わりは身に付きにくいものです。

このような「魂の友」としての「二人の交わり」をどうしたら持てるでしょうか。結婚しているなら夫婦の交わりが、同じ働きを共にしている人がいるならその交わりが、それになりうるかもしれません。しかし一般的には、妻（夫）や同僚でない友との交わりのほうがよいでしょう。

夫婦関係や家族関係、また同僚との関係の中で私たちは、自分自身のあり方や霊性が問われる問題によく直面します。言葉や生活で、自分が宣べ伝えている福音で、どれほど自分が生かされているか、また、人に教えていることをどのように自分が実践しているかがそこで問われます。そこで、それらの身近な人たちとは異なる友との「二人」の交わりを持つなら、身近な人間関係の中で問われる自分の姿を、少し距離を置いて見ることができます。

ビジネスや政治家の間で使われるようになり、日本語に訳しにくい「アカウンタビリティ」という言葉があります。それは、「誰かに対して自分のことを説明、ないし報告する責任」という意味です。「魂の友」としての「二人の交わり」において、互いに対してこの「アカウンタビリティ」を負うことができます。互いに自分自身の経験を話し、互いに聞き合う交わりの中で、それぞれが自分自身に注意を払うことができるようになります。

会社や団体の組織の中では、仕事上のアカウンタビリティははっきりしています。教会においてもそれなりの組織があるため、その働きについて誰かに「報告責任を負っている」でしょう。しかし、牧会的な責任にある人のケアについてはどうでしょうか。指導的な立場の人が、自分自身の魂について誰ともアカウンタビリティを持っていないとしたら、大きな誘惑の危険に身をさらすことになるでしょう。

「魂の友」としての友情

ある人は友情を「人生の最高の贈り物」と称えていますが、友情は霊性や魂のケアにも深くかかわる共同体的な交わりです。聖書では、親子や夫婦の関係が神との関係を映し出すものとして描かれていますが、友との交わりもしかりです。

主は、人が自分の友と語るように、顔と顔を合わせてモーセと語られた。（出33・11）

友との親しい交わりの経験を通して、私たちはこの言葉が意味するところを理解できます。前に触れた「魂の友」とは、古代ケルト民族のキリスト者が特に大切にしたと言われています。当時の聖女ブリジット（452〜524）の言葉として「魂の友を持たないものは、頭のない体のようだ」という言葉がいまに伝わっています。これは信仰の個人的な導きを、上下関係というより相互関係の中で行うもので、近年、その重要性が再認識されてきました。また、日本でも理解が深まりつつある「霊的同伴」ともつながる交わりと言えます。

現在、専門的な訓練を受け、多重関係を避ける「霊的同伴者」が養成されていますが、日本ではまだ人材に限りがあります。互いが完全ではないことをわきまえ、主の前で聴き合うなら「魂の友」は霊的同伴としての大きな支えとなります。『花婿の友―霊的同伴の道しるべ』の中で著者トマス・グリーンは、霊的同伴を以下のように説明しています。

霊的同伴とは、キリスト者が互いに与え合う助けのことである。それによって人は、神との個人的なコミュニケーションに注意を払い。個人的に語りかけている神に応え、この神との親密な交わりの中で成長し、神とのかかわりがもたらされたことを生きぬくことができるようになる。

また中村佐知は、『魂をもてなす――霊的同伴への招待』（37～42頁）の中で、霊的同伴と霊的友情の関係について整理し、両者を合わせて「スピリチュアル・コンパニオン」と呼ぶこともあると紹介し、その重要性を強調しています。

「魂の友」としての友情には、次のような特徴が挙げられるでしょう。

① 義務や強制によらない双方の自発的な合意に基づく。
② どちらかがつねに導き手で、他方がつねに導かれる者ではなく相互的。
③ 互いの人生と信仰の旅路の独自性を尊重し、相手を束縛しない。
④ お互い対する関心、注意を持ち、お互いの成長、成熟を願うという重荷を自発的に負い合う。
⑤ その関係はどちらかが死ぬまで続くとは限らないが継続性がある。しかし、お互い合意の上で解くこともできる。

⑥ この関係がそれ自体で目的になったり、排他的な交わりになることなく、健全に成長するように注意する。そのためには、円熟したアドバイザーの助けを求めるのもよい。

このような友情は、私たちが作り出すものではありません。捜し求めることはできますが、思いがけないときに、不思議な出会いを通して与えられる神の賜物です。どうしたらこのような「魂の友」を見つけることができるでしょうか。

魂の友としての友情は、お互いの霊的成長のためです。また、神が望んでおられるものにそれぞれが変えられ、それぞれに与えられた召命に生きられるような励まし合いを目的とします。その友を得るには、以下のイエスの約束が道を示してくれます。

求めなさい（求め続けなさい）。そうすれば与えられます。
探しなさい（探し続けなさい）。そうすれば見出します。

たたきなさい（たたき続けなさい）。そうすれば開かれます。（マタ７：７）

私自身の経験から言えば、まずそのような友を主に切に祈り求めることです。あるいは、すでに与えられている友の中にその候補がいるかもしれません。祈り求めながら周囲を見回し、さまざまな接点や出会いの中でその可能性がありそうな人が見つかれば、こう申し出ることができます。

「信仰について、人生について少し分かち合いませんか？」

そして合意を得たら、何回か会ううちに、言葉に出さずとも「魂の友」となれるかどうかが自ずと分かってくるでしょう。

求め、探し、戸をたたき続けるなら、思いがけなく戸が開かれるはずです。そして与えられたなら、その交わりを感謝し、大切に守り育てていくことです。信仰者としての人生の旅路に、「魂の友」という道連れを持つことは、何と幸いなことでしょうか。

二人は一人よりもまさっている。二人の労苦には、良い報いがあるからだ。どちらかが倒れるときには、一人がその仲間を起こす。倒れても起してくれる者のいないひとりぼっちの人はかわいそうだ。……一人なら打ち負かされても、二人なら立ち向かえる。（伝4・9、10、12）

第4部 先人に学ぶ日常生活の霊性

ハンス・ビュルキとA・W・トウザー――生活を聖なるものに

ですから、兄弟たち、私は神のあわれみによって、あなたがたに勧めます。あなたがたのからだを、神に喜ばれる、聖なる生きたささげ物として献げなさい。それこそ、あなたがたにふさわしい礼拝です。（ロマ12・1）

ハンス・ビュルキ（１９２５～２００２）は、『主の弟子となるための交わり』の中で、日常生活と信仰の関係について次のように述べています。

私たちの生活は日々の事柄から成り立っています。どんな高貴なこと、偉大なことを経験し、考え出そうとも、日常生活に移し替えなければ、いつまでたっても実りはなく、それ自体として現実性はありません。この日ごとの生活こそ、信仰による変革の出発点なのです。信仰のかたちは日、週、月、年と区切られる目立たない時の中で、だれにも気づかれずに成長し、「イエスのいのち」が内側から、私たちの存在と働きの最も取るに足らない細部、最も瑣末《さまつ》な細部に至るまで現れてくるのです。最も一般的なことを、つまり日常生活を包括し、貫き、変化させる信仰でなければ、非現実的なもの——頭だけの信仰、表面的な信仰になってしまいます。

日々の生活とは、眠ること、目覚めて起きること、顔を洗い歯を磨くこと、食事の支度をすること、食べること、食事の後片づけをすること、テレビやインターネットでニュースを見たり新聞を読むこと、掃除や洗濯をすること、電車やバスに乗って通勤・通学すること、仕事や奉仕をすること、友人と電話で話したり、メールのやり取りをすること、買い物をすること、一服すること、趣味や習い事をすること、誰かの世話をすること、散歩や体操をすること、入浴すること、くつろぐこと、眠る支度をすることなど、ごく普通のことから成り立っています。そして、それらはほとんどが、目、耳、口、手、足によってなされるものです。パウロは、これらの体をもってなされるすべての行為、つまり、生活全体を神への礼拝行為としなさいと勧めています。どうしたら日常生活を構成しているこれらのすべてが、神に喜ばれるささげ物になるでしょうか。どうしたら日常生活の全体が、神にふさわしい礼拝になるでしょうか？

20世紀の米国の牧師Ａ・Ｗ・トウザー（１８９７〜１９６３）は、『神への渇き』の中で、そのような生き方の重要性、および、どうしたらそのような生き方ができるかを、次のように述べています。

パウロの「すべて神の栄光を現わすためにしなさい」（Ｉコリ10・31）という奨励は、敬虔な理想主義以上のものである。……それは私たちの生活における一つ一つの行為が、神の栄光のためになされうることを示している。……私たちはすべての行為を神に献げ、それを神は受け入れてくださると信じなければならない。……毎日毎晩毎時のすべての行為が、その信仰に含まれているのだという断固たる立場に立たなければならない。……祈るときに「しもべの行為はすべてあなたの栄光のためにしたいと願っています」とたえず神に申し上げ、さらに生活のための仕事をしながらも幾度となく心の中で祈るのである。すべての仕事を祭司の務めに変えるすばらしい術《すべ》を学ぼうではないか。神が私たちの単純なすべての行為の中におられると信じ、そのような行為の中に神をみいだすことを学ぼうではないか。

トウザーは全生活を聖礼典とするために、積極的な信仰を働かせること、そして実践的な学びや修練によって習得することの大切さを強調しています。そしてその修養の中で最も大切なのは、神の臨在への感受性、神がいま、ここにおられる、という真理への霊的感受力であると述べています。この、霊的感受力、あるいは霊的意識は、生活の最も重要な柱、また土台となるまで培われるべきものであり、それができるのは、神がそれを可能にしてくださるからとも言っています。

そのうえで生活のすべてを、その中のすべての行為を、神への礼拝としてささげること、また、私たちがそのように生きることを神が求めておられることを深く理解することです。そしてそのような生き方を身につけていくために、以下の修練を積むことをトウザーは勧めています。

・このことを教え、勧めているみことばをくり返し思い巡らし、神と語り合う。
・日々の生活の中で、いつもこのことを考える。
・仕事や家事、また、どんなことをしているときにも、いましていることが神への礼拝になるように、神に仕えることになるように幾度となく心の中で祈る。

トウザーは、『神への渇き』の最後でこう結んでいます。「人がする仕事によって、その仕事が聖なるものであるか世俗的であるか決まるのではない。何のために働くかによって決まるのである。動機がすべてである」。

ブラザー・ローレンス――神との対話

Ａ・Ｗ・トウザーは、日常の全生活を神の前に献げる聖礼典として生きる修練について述べました。ブラザー・ローレンスは、まさしくその修練に生涯をかけて取り組んだ先人です。

彼は１６０５年、フランスで生まれ、26歳で跣足《せんそく》カルメル会に入会し、修道士となりました。生涯を修道院の台所の仕事や雑用をする一修道士として過ごしましたが、その死の２年後（１６９３年）に彼の手紙や講話の記録がまとめられ、小冊子として出版されました。

以来多くの言語に翻訳され、カトリックのみならずプロテスタントの人々の間で、いまも広く読まれています。最初の日本語訳は１９０５年に出版されましたが、現在、『神の現存の体験』（ドン・ボスコ社）と、『敬虔な生涯――ふだんの生活の中におられる神』（ＣＬＣ出版）の２種類があります。

この小冊子が３００年以上も読み継がれているのは、「日々の生活を、神の前に、また、神と共に生きることができるようになりたい。日常生活のすべてを、神への礼拝として生きることができるようになりたい」という、多くのキリスト者の願いに応える、珠玉のヒントや励ましをそこに見いだすことができるからでしょう。

ブラザー・ローレンスは初めの約10年間、深い霊的な苦しみを経験しました。そして40歳くらいから、神の現存（臨在）の体験（神との親しい語らいの中に生きること）の修練が深まり、生涯その修練を続けました。この彼の生き方は、しだいに周囲の人に影響を与え、多くの人が彼に教えを乞うようになりました。

彼の生き方や言葉を通してのメッセージは、「神の前に、その臨在に生きること、これこそが信仰生活の中心である」に集約されるでしょう。また、「そのためには修練を続けることが最も大切である」と言っています。彼はある人への手紙の中で、その修練についてこう勧めています。

神が私たちにお求めになるのはたいしたことではなく、ただ、ときどき、ちょっと思い出すこと、ちょっと礼拝すること……またあるときは、お与えくださった、また現にお与えくださっているご恩寵について感謝し、仕事の最中にでも、できるだけたびたび、神とともに慰めを見出すことなどです。食事や会話の間にも、ときどき神のほうにこころをおあげなさい。ちょっと思い出すだけでも、みこころにとっては、いたって快いのです。そのために、高声を発する必要はありません。神は、私たちが考えるよりもずっと近くにおられます。

（『神の現存の体験』）

ブラザー・ローレンスは、たびたび〈ときどき〉と〈ちょっと〉という表現を使い、神と共に生活するためには、特別なことや大げさなことは必要ではないことを強調しています。

続いてこうも語っています。

神とともにいるためには、いつも聖堂にいる必要はありません。私たちの心を祈祷所として、静かに、謙遜に、愛深く、神とともに語るために、ときどきそこに退くことができます。……だれでも、神とのこの親しい語らいをすることができます。神は私たちにできることがなんであるかご存じです。

彼の死後、彼が暮らした修道院の院長はこう語っています。

彼にとってはすべてのものは同じでした。いかなる場所も、どんな務めも、すべてはおなじでした。この良きブラザーはどこにでも神をみつけました。靴を修理しているときも、修道院で祈っているときも同じように。彼はわざわざ退修会に行きたいとは思いませんでした。それは日常の平凡な仕事の中で、荒野の奥地でと同じように礼拝すべき同じ神を見出したからです。彼が神に近づく道はただ一つ、つまり、神を愛する愛ゆえにすべてのことをなすことでした。
また講話の中でこうも言っています。

私たちは何をするにも、すべてのことを主に相談する習慣を作らねばなりません。そのために、神と絶えず語り、自分の心を神に向ける努力をしなければなりません。これは、少し努力することにより、直ちに神の愛がうちに働いて、何の困難もなくその習慣が身についてきます。

ブラザー・ローレンスはの生き方は350年後のいまも、大きな励ましと指針を与えてくれています。

V・フランクルとK・ラーナー――日常を神聖なものに

ヴィクトール・フランクル（1905〜1997）はオーストリアの精神科医で、ホロコーストから生還し、その体験を元に書いた『夜と霧』で知られていますが、彼は『それでも人生にイエスと言う』の中で、次のように言っています。

日常は灰色で平凡でつまらないものに見えますが、そう見えるだけなのです。といっても、その日常をいわば透明なものにする、日常を通して永遠が見えるようにすることだけが問題なのではありません。最終的に大切なのは、この永遠が、時間に戻るよう私たちに指し示しているということです。時間的なもの、日常的なものは、有限なものが無限なものにたえず出会う場所なのです。

有限なものが無限なものに出会う場、それが日常生活であるとの指摘は、「神の国はあなたがたのただ中にあるのです」（ルカ17・21）と言われた主のことばを思い起こさせます。続いてこうも言っています。

この出会いが、日常の聖別式になり、日常を「神聖なものにする」可能性になるのです。私たちが時間の中で創造したり、体験したり、苦悩したりしていることは、同時に永遠に向かって創造し、体験し、苦悩しているのです。

前にも触れましたが、日常を神聖なものにする可能性を、A・W・トウザーは、「生活の聖礼典化」と呼びました。毎日の生活の中でどうしたらそれを体験することができるかを、私たちそれぞれが追い求める必要があるのではではないでしょうか。それは、パウロの次の言葉をどう実践するかにつながるでしょう。

ことばであれ行いであれ、何かをするときには、主イエスによって父なる神に感謝し、すべてを主イエスの名によって行いなさい。（コロ３・17）

カール・ラーナー（１９０４～１９８４）はカトリックの司祭で、20世紀を代表する神学者の一人です。彼は『日常と超越』の中で日常生活ついて考察し、以下の三つのことを述べています。

①信仰は、日常を祝日に変えず、日常たらしめる。また理想化もせず、日常として耐えさせる。そうしてこそ日常はあるべきものとなり、信仰を働かせる場、まっとうな精神や忍耐の訓練の場、大言壮語や幻想が暴露される場、口によってではなく静かな行いによって愛し、誠実であることを養う機会、現実にしっかりと根を下した本当の知恵が育つ場となる。

②平凡な日常として誠実に受け入れられた日常の中に神はおられ、そこに神の恵みが秘められている。そこでこそ神を、そして、神の恵みを知るとい

う奇跡が起こる。最も日常的な些事《さじ》や雑事も生の本質的な部分であり、愛の業、信仰の働き、望みの忍耐に結び付けられるとき、それらは永遠の神の重みを持つものとなる。

③日常が、私たちを苛立《いらだ》たせるのは、苛立ちの心でそれを受け入れるからである。日常が味気ないものとなるのは、私たちが日常の意味を理解しないからである。日常は我々を正気にならせ、多分疲れさせ、落胆させるが、謙虚で冷静にしてくれる。これこそ習うのは困難だが習うべきことである。そして、日常こそが永遠の生命に預かる恵みに私たちを備えてくれるものである。

ラーナーは、日常生活でこそ「神を、そして、神の恵みを知るという奇跡が起こる」と言っています。その奇跡を経験するために何が必要なのでしょうか。ここに霊的修練の意味があると思います。神の臨在、そして、神の恵みの働きに対する霊的感受性を培うエクササイズです。

そのためのエクササイズの一つとして、「主の祈り」があります。祈りはすべて有限で時間的な次元、すなわち地に生きる私たちと、永遠であり聖なるお方、天におられる父なる神とをつなぐものです。イエスは、御心が天で行われるように、私たちの日常生活である地でもなされ、天の御国がこの地に来るように祈りなさいと教えられました。

「主の祈り」の祈り方は、宗教改革者ルターが勧めた祈り方などいろいろありますが、本書ではその一端を紹介しました（113～114頁）。他の「主の祈り」についての解説や講解をいくつか読んで、自分に合う祈り方を見つけることもできるでしょう。『主の祈り――信仰生活ガイド』（日本キリスト教団出版局）に掲載した、アジアの視点から日常生活でこの祈りを祈る意味を考えた拙稿を参照いただくこともできます。

ティク・ナット・ハン――マインドフルネス

昨今、マインドフルネスに関する多くの本が出版されています。それらは、ストレスマネージメント、仕事の能率や効率の向上、リーダーシップの開発やチームワークの改善のための方法として勧められています。

それらによると、マインドフルネスとは、「いま、ここで起きていることを感じ取って、きちんと受け止めること」「いま、この瞬間の自分の体験に注意を向けて、自分のからだや気持ちの状態に気づくこと。そして、現実をあるがままに受け入れること」などを目指すエクササイズとして説明されています。

元来は仏教、特に禅の教えだったものが、マインドフルネスという名前で宗教性を薄くして医学や心理学、さらには経営学にも応用されて広まっています。

２０２２年に亡くなったティク・ナット・ハン（１９２６〜２０２２）は、日本でもよく知られている仏教の指導者です。ベトナム戦争当時、フランスに亡命して、その後、欧州で仏教の瞑想《めいそう》を広めました。『味わう生き方』という著書の中で彼は、マインドフルな生き方とは、「毎日、考えたこと、見たもの、聞いたもの、感じたもの、食べたもの、行なったことを意識して暮らすということです」と言っています。また、体と心が健やかになるために、こうも言っています。

自動操縦の状態から目覚める必要があります。つまり、どの瞬間にも注意を向け、深く、意識をしながら生きることです。

マインドフルネスの訓練は、「感謝を忘れがちな生活から自分を解放するための鍵です」とも言い、さらに「日常の行動をマインドフルにすると、あらゆることに対してつねに新鮮な気持ちで取り組めるようになり、混乱の真っただ中にあっても、つねに落ち着いていられるようになります」と言っています。瞑想の分野で仏教は長い歴史がありますが、聖書が教える「マインドフルネス」とは何でしょうか。次のような箇所があります。

ですから、ほかの者たちのように眠っていないで、目を覚まし、身を慎んでいましょう（Ⅰテサ5・6）。ですから、あなたがたは、心を引き締め、身を慎み、イエス・キリストが現れるときに与えられる恵みを、ひたすらに待ち望みなさい（Ⅰペテ1・13）。万物の終わりが近づきました。ですから、祈りのために、心を整え身を慎みなさい（Ⅰペテ4・7）。身を慎み、目を覚ましていなさい。あなたがたの敵である悪魔が、吼えたける獅子のように、だれかを食い尽くそうと探し回っています（Ⅰペテ5・8）。

「身を慎む」とは、心がしらふであること、精神的にも霊的にも酔っぱらっていない状態のことです。自分が何をしているのか分からない無自覚的な生き方ではなく、自覚的、意識的な生き方をすること、また、そのような生き方をするために目を覚ましていること、心を整えること、心を引き締めることを、パウロやペテロが勧めています。

つまり、自分が、いま、ここで何をしているのか、なぜそれをしているのか、また、それをする自分の心が何によって動かされているのかによく注意を向け、しっかり意識して生活することの大切さです。

キリスト者にとってのマインドフルネスとは、いつも「主と共に生きる」ため（Ⅰテサ５・10）、困難の中でも希望をもって耐え忍んで生きるため、悪しき者の誘惑に打ち勝つためです。また「ことばであれ行いであれ、何かするときには、主イエスによって父なる神に感謝し、すべてを主イエスによって行いなさい」（コロ３・17）が、日々の生活のなかで実現するための大切なエクササイズです。

ティム・ステッドは、その著『マインドフルネスとキリスト教の霊性』の中で、マインドフルネスにおける「注意の集中エクササイズ」と、「気づきのエクササイズ」、および「思いやりのエクササイズ」は、キリスト教の霊性の基本でもあると述べています。また、「キリスト教の伝統におけるマインドフルネス」と題する章を設け、福音書に見出すことのできるマインドフルネスの例として、以下の3箇所を取り上げ、それぞれのエクササイズを紹介しています。ルカ15・11～32（放蕩息子のたとえにおける気づき）。ルカ10・38～42（マルタとマリヤの物語における目覚め）、マルコ1・1～8（洗礼者ヨハネの物語における思考あるいは祈り）。さらにマインドフルネスの視点から、マタイ6・26（空の鳥を見ること）、マルコ1・15（イエスによる神の国到来の宣言）、ルカ11・3（「主の祈り」の一部）、ヨハネ9章（イエスによる盲人の癒やしとパリサイ人との議論）、ルカ24・13～31（エマオへの途上での復活のイエスとの出会い）、ヨハネ15・4（ぶどうの木と枝のたとえ）、ヨハネ8・1～11（姦淫の女とイエス）など。

これまで取り上げてきた先人たちの生き方とその教えは、クリスチャン・マインドフルネスの勧めと見ることもできるでしょう。

Ｖ・フランクルとＥ・ゴードン――極限状況で

極限状況という非日常の中に置かれた二人の先人から、日常生活で生きて働く信仰について学びたいと思います。一人は、先に触れたＶ・フランクル。もう一人は、『クワイ河収容所』の著者で、日本軍の捕虜収容所で九死に一生を得たアーネスト・ゴードン（１９１６～２００２）です。

二人とも死が日常化した収容所の中で、苦しみと死をも含んだ、生きることの意味を見出そうともがいた３年余りを、ほぼ同時期に異なる場所で過ごしました。二人が置かれた場所は、飢えと病い、過酷な強制労働、監視兵の虐待や気まぐれな処刑などによる苦しみと死が日常化した状況でした。そこでは、自分が生き延びることが唯一の関心事となり、苦しむ人、病む人、死にゆく人は見慣れた光景になっていき、いつしか憤りや同情の感情さえ麻痺し、無関心と冷淡さが心を占めていきました。フランクルが言う「内面の死」、ゴードンが言う「人間性の崩壊」が広がっていました。

命の尊さや人格の尊厳などまったく顧みられず、安価な労働力として搾取され、使い捨てられる収容所で多くの人の心をさいなむ問いは、「自分たちを取りまくこのすべての苦しみや死に意味があるのか」というものでした。そこでは、何かを成し遂げて自己実現を図ること、あるいは、意味深いことや楽しいことをすることの中に自分の生の意味を見出すことなどは、とうてい不可能なことでした。

フランクルによる極限状況での経験や洞察には、私たちの日常生活の霊性にも光を与えるものが多々あるように思われます。まずその中のいくつかを見てみましょう。

(1) すべての自由が奪われた強制収容所でも、与えられた環境でいかにふるまうかという人間としての最後の自由だけは誰にも奪われない。しかし、精神の自由や人格の尊厳などを、いつでも奪えると威嚇する大きな力に屈したほうが身のためだとする誘惑の声も聞こえてくる。その声に従わず、人間としての尊厳を守るか否かは、自分自身が決めることができる。

(2) 少数であっても、決して失われることのない心の自由を、その生き方や死によって証しした人々がいた。彼らの精神的自由は、最後の息をひきとるまでその生を意味深いものにした。このような人の多くは、自らの心のよりどころを持つ人で、それは未来を信じ、そこに何らかの目的を見い出していることにあった。

(3) 一人の人が避けられない運命と、そこにある苦しみをどう受け止めていくかによって、それらがどれほど厳しいものであったとしても、また、人生最後の瞬間であったとしても、その人の生を意味深いものする可能性が豊かに開かれている。これは、強制収容所に限らず、どこに置かれていても言えることである。

(4) 私たちが生きることから何を期待するかではなく、むしろ、私たちの生が私たちから何を期待しているかが問題である。私たち一人ひとりは、自分が置かれた状況の中で、日々具体的な行動や態度によってその期待に答えるように求められている。そして、その行動や態度の中に自分の生きることの意味が現われてくる。

一方、ゴードンは捕虜収容所でいくつもの重い病を患い、死を覚悟しました。しかし、「ジャングルの掟《おきて》」と彼が呼ぶ収容所の弱肉強食とまったく違う生き方を実践していた二人のキリスト者の献身的看護で、奇跡的に回復しました。収容所ではそのころから、自己中心と憎しみと疑心暗鬼に満ちた死の空気が、愛と思いやりと創造的な信仰という、命の空気に変わり始めていました。そのきっかけは、仲間のために文字どおり自分の命を献げた数名のキリスト者の自己犠牲の行為でした。

フランクとゴードンは、自分が置かれた状況の中で、誰かのためにどのように生き、どのように死ぬかを選択する自由を命がけで証ししました。その結果、ゴードンをはじめ、多くの捕虜は信仰を見出し、ある者は、自分に残されたわずかな時間を、仲間のための具体的な愛の行為に生きるようになりました。この自己犠牲という愛の力については、フランクルも自分の信仰について言及しつつ述べています。

犠牲の本質は、政治的理念のための自己犠牲であれ、他者のための自己犠牲であれ、この空しい世界では、一見なにももたらさないという前提のもとになされるところにある、と。もちろん、わたしたちの中の信仰を持っている者には、それは自明のことだろうし、わたしもそのひとりだ、と。（『夜と霧』）

この二人が極限状況の中で体験し、見出したこれらのことは、私たちの日常生活の霊性について大切なことを教えてくれていると思われます。

すなわち日常生活の霊性は、各人が置かれた状況に対する具体的な行動や態度、そして、どう選択するかの中に表れてくるものです。

O・ハレスビー――沈黙の祈り

ノルウェーの霊的指導者O・ハレスビー（1879〜1961）は『祈りの世界』の中で、祈りにおける二つの沈黙について次のように語っています。

人々は祈りの密室に入るとすぐに神と語り始めます。しかし、それはいけません。ことばに出して祈る前に充分時間を取ってください。静けさがあなたを支配するようにしなさい。……私たちは全体的に見て、祈りの活動的な面を強調しすぎます。祈りの初めから終わりまで、神と語ることに忙しすぎるのです。

いまの時代は何事も、すぐに、早くという便利さが追求されます。電気器具は瞬時に立ち上がることが求められ、料理にしても手間がかからない材料や器具が重宝されます。そんな生活に慣れていると、神と語り合うためには心と体の準備が必要であることを忘れてしまう危険があります。彼はこうも言います。

ある人は神に対して多くのことを語り、よいことを語って、全部の時間を費やします。それが長時間であれ、短時間であれ、語（り終わる）るや否や「アーメン」と言って、出て行くのです。……私たちの祈りの時は、み霊《たま》が真剣に私たちに語ろうとされる最善の機会のひとつです。神のみ前にただひとり静かに立つ時は、私たちの魂にとってもっともよくみ声を聞くことのできる時です。

一つのことを終えたとき、すぐ次のことに移る習慣が身に着くと、多くのことをしていても、それらをこなしていくだけになります。一つひとつのことの意味を味わったり、それらをする中でどんな心の経験をしたかを思い巡らすためには、移行の間を持つことが必要です。それは祈りや礼拝でも同じです。ハレスビーが勧める祈りにおける第1の沈黙は、祈りの前後における静まりです。

本当に親しい人同士であれば、黙って一緒にいることができます。……神との関係においても私たちは絶えず会話をする必要はありません。……ことばに言い表すことのできないうめきは神のところまで届き、私たちのどんなことばにもまさって、どれほど神に信頼しているかを告げることができます。

ハレスビーの言う祈りにおける第1の沈黙は、静けさ、神の語りかけを聞く「聖なる受動的な姿勢」の沈黙だといいます。

天の父なる神のみ腕の中で、こう言うのです。「私はこれ以上何もできません。あなたに話すべきことばもありません。しかし、私はしばらくここで休んでいいでしょうか。あなたのみ腕の中にしばらくおらせていただくなら、また、元気になるでしょう」。

これは、蔦田二雄《つただつぎお》（イムマヌエル綜合伝道団創設者）が、後述する『朝毎《あさごと》に主を待ち望む』の中で「神の確認」「神の前における沈黙」「心と唇における沈黙」と呼んでいるものです。この神の確認こそが、密室における一番最初の営みであり、すべての基礎であると強調しています。マザー・テレサも次のように語っています。

祈りの第一は沈黙。ほんとうに祈ることを望むならば、まず、聴くことを学ばねばなりません。神は、沈黙のうちにある心に語られるからです。……澄みわたった心は、神を見つめ、神の声を聞き、それに耳を傾けます。そのとき初めて、わたしたちは、心の底から神に語りかけることができるのです。耳を傾けることなくして、心の沈黙のうちに神とつながることとなくして、わたしたちは神に語りかけることができないのです。（『祈り――信頼の源へ』）

これらの先人の言葉は、祈りとは神との交わりであると再確認させてくれます。

そして神の前に沈黙して静まることが、祈りの第一歩であることを教えています。

日本の宗教的な土壌では、熱心に繰り返し捧げられる祈願としての祈祷がほとんどなので、個人的な祈り、また教会の祈りにおいても、願いごとを告げる祈りが、知らず知らずのうちに中心になってしまう傾向があります。祈りにおける沈黙、静まって心の耳を澄ませて聴く祈りの重要性は、いくら強調してもし過ぎることはないでしょう。

みことばを黙想することも、心の耳を澄ませて聴く祈りです。「レクチオ・ディヴィナ」と呼ばれる伝統的な祈りは、みことばを読むこと（レクチオ）、それを思い巡らすこと（メディタチオ）、そこから口で唱えたりつぶやいたりして祈ること（オラチオ）、そして沈黙して神の前に留まること（コンテンプラチオ）の四つの要素があります。そこにある特徴は、思い巡らす祈りと沈黙の祈りがあることです。

この他にも、「センタリングの祈り」という祈りもありますが、これらは、神との交わりである祈りの前後に、また祈りそのものに、沈黙が大切であることを示しています。

O・ハレスビーとJ・フーストンと奥村一郎——観想の祈り

ハレスビーは第２の沈黙というものを語っています。それは、祈りとしての沈黙、あるいは、沈黙の祈りと呼ぶことができます。この祈りが深まると、「観想の祈り」とか「念祷」とも呼ばれるものになります。「観想」は仏教用語からきていますが、キリスト教ではもともとラテン語からくるもので、コンテンプラチオ（contemplatio, 英語は contemplation）と呼ばれる祈りです。

コンテンプラチオはアレキサンドリアのクレメンスやニッサのグレゴリウスなどのギリシャ教父（２世紀以降のギリシャ語で著作を残した神学者）が用いた、神との親密な愛の交わりに基づく敬虔な神知識を意味するギリシャ語のテオリア（theoria 見つめること）に由来します。現代の霊性神学の指導者ジェームス・フーストン（1922〜）も、この沈黙の祈りについて詳しく述べています。

観想の祈りとは、魂が神の御前に引き出され、臨在の内に黙してひたすら聴き、神の愛に引き寄せられることを意味します。観想の祈りにおいては、神の臨在が現実のものとして強烈かつ親密に迫ってくるので、神を言葉で説明しようとするなら、神の臨在の認識は浅薄なものになってしまうのです。言葉や思考は必要なくなります。（『神との友情』）

観想の祈りは、前述したように、みことばを読み、聴くレクチオ（Lectio）、そして、そのみことばを思い巡らすメディタチオ（Meditatio）、さらに、みことばの思い巡らしへの応答として心に湧き上がる祈りのオラチオ（Oratio）と深く結びついています。いつも順番どおりに祈る必要はないですが、多くの場合、観想の祈りは前の三つの段階の祈りの深まりを通して、神の臨在のうちに言葉や思いを越えて、沈黙して安らぐ神との交わりです。しばしば観想の祈りは、「神の内に安らぐこと」とか、「愛のまなざしをもって神を見つめること」と呼ばれますが、ハレスビーは次のような例えで説明しています。

夕方近くなって子供が疲れ果てるまで遊んだ後、彼は、母親に身を寄せます。そして最後に自分が求めていた場所、母の膝を見つけます。そこで子供は何も語る必要はありません。ただ、そこに横たわり、母の愛撫《ぶ》に身をゆだねて眠るのです。（『祈りの世界』）

トマス・キーティング（米国のカトリック修道司祭）によると、観想の祈りは15世紀までレクチオ、メディタチオ、オラチオと深く結びつき、一体のものとして神との交わりで積極的に位置づけられていました。続く時代には、それらが細分化され、なかでも観想の祈りは一般に奨励されない時期が長く続きました。日々の生活の中で生ける神との親しい交わり、神の臨在を求める飢え渇きが深まる今日、もう一度この祈りの伝統をよみがえらせようとする動きは、教派、教会を超えて広まっています。

奥村一郎（カトリックの司祭　1923〜2014）は、観想の祈りをその霊性の中心とするカルメル修道会士ですが、その著『祈りの心――愛の息吹』で、それを「根っこの祈り」呼び、こう言っています。

大樹には、大地の奥深く降りる根があるように、荘厳華麗な祈りにも、隠れた根をおろす「見えない祈り」がなければならない。外にも出ず、色も形も見栄えのしない根っこのような祈りが、実は、神の大地にその根を張りながら、祈りの樹液を木の幹に、枝に、葉に、花びら一つ一つにまで送りとどけている。この「隠れた祈り」を「黙想」といってよい……「黙想」ということばは、かなり幅広く用いられるとしても、その命となるのは、いわば、この「根っこの祈り」「沈黙の祈り」にほかならない。

また、別の著書『祈り』において、次のようにも述べています。

まことに、祈りの極みにはことばがなくなる。否、ことばがなくなるというよりも、沈黙がことば以上のことばになる。そこにおいて、祈りは、愛の沈黙における至深の自己表現となるからである。もし、祈りにことばがあるとするならば、それは、この愛の沈黙をはぐくむもの、また、この沈黙に帰っていくものでなくてはならない。

観想の祈りは、「わたしの顔を、慕い求めよ」との神の招きに「主よ。あなたの御顔を私は慕い求めます」と応える魂の祈りといえるでしょう（詩27・8）。また、沈黙の祈りの源流を尋ねると、「わたしの魂は沈黙して、ただ神に向かう。……わたしの魂よ、沈黙して、ただ神に向かえ」（詩62・2、6新共同訳）、「わたしは魂を沈黙させます。わたしの魂を、幼子のように、母の胸にいる幼子のようにします。イスラエルよ、主を待ち望め、今も、そしてとこしえに」（詩131・2、3新共同訳）に見られる、沈黙する魂の姿にたどりつくのではないでしょうか。

蔦田二雄――密室の祈り

キリスト者にとっての霊的訓練の中で最も強調されてきたものの一つは、日々、個人的に聖書を読み、神に祈ること、すなわち、「静思の時」（「密室の祈り」「デボーション」「レビの時」）を守り、行うことです。

それを継続するための助けとして、さまざまな書物や手引きが出版されてきました。いまや古典といえるスポルジョンの『朝ごとに、夕ごとに』、カウマン夫人の『荒野の泉』、聖書同盟の『みことばの光』、榎本保郎の『一日一章』、モラビア兄弟団に源流がある『ローズンゲン』、サムエル・バグスターの『日々の光』、キリスト者学生会の『静思の時』などが思い浮かびます。

最近も、さまざまな手引き書が発行されていますし、地域教会ごとに聖書日課を独自に作成しているところも少なくありません。また、インターネットでさまざまな祈りや黙想の手引きが提供されています。

これから取り上げる『朝毎《あさごと》に主を待ち望む』は、聖宣神学院同窓会の第1回セミナー（1968年頃）での蔦田二雄（1906〜1971）による講義内容がもとになっています。本書の冒頭に、〈聖宣神学院同窓会発足20周年を期して、各方面から待望されていた、それでありながら「出版してはならないはず」の本を、ここに送り出すことになりました〉と記してあります。神学院卒業生のたっての願いに蔦田は、「このようなテーマは公開し語るべきことではない」との持論をあえて曲げて、3日間の早天祈祷会での講述を20年後に活字化したものです。

内容をみると、第1日目は、「なぜ信仰者は密室の時をもたねばならないか――その理由」、第2日目は、「いかにして密室を守るか――その方法」、第3日目は、「密室を継続的に守ることの結果」とあります。私が特に注意を引かれたのは、第2日目の方法についての言葉です。

私は密室を構成する四つの要素、これだけのものは、密室の中に含まれているのではないだろうかと思う代表的なことを四つだけ、ここにあげてその各項目に関する私なりの考えを、語らせてもらいたいと思います。

師によると、それらは、①神の確認、②みことば、③お祈り、④計画の決定の四つです。四番目の「計画の決定」も興味深いですが、何といってもユニークなのは、最初の「神の確認」です。あまり聞き慣れない言葉なので、著者の意味するところを聞いてみましょう。

第一番目のことは、密室の際にあんまり多くの方々には大事でないと思われている問題です。しかし、本当の密室の成功の為《ため》には実はこの一番目が一番大事なんです。密室においても外と変わらないただ仕事をして出てくる人がある。神の前に出たときにはよく翼を垂れるということがありますけれども、神の前に翼を垂れるということは、私の魂をどういうふうに保つことであるかを知らないで、密室が守れるかということを、私は疑うんです。（中略）密室の第一義的なことは、魂を憩わせるということ、魂をあらゆる活動から停止させるということが基本的な問題であると、私は弁《わきま》えているんです。

著者は、この「神の確認」という魂の営みを、いろいろ言いかえて説明を試みています。曰《いわ》く、「神の前における沈黙」「心と唇における沈黙」「全部の存在を停止させること」「神との合一」「全き魂の安息」「神とコミュニケーションすること」「神を思う時」「神を黙想すること」「神と自分の魂を調節する時間」「神との交わりの中に魂をすえること」等々。

そして、この「神の確認」こそが、密室における一番最初の営みであり、すべての基礎であり、また、最も難しいことであると言っています。著者は、密室の四つの構成要素のうち、「神の確認」の説明に10ページをさいていますが、他の三つのことには3ページしか当てていません。

このことからも、著者が、「神の確認」をどれほど重視しているかが分かります。

また、第3日目にも詳しく4ページにわたって再び「神の確認」に触れています。そして、この「神の確認」を経験する霊的世界について触れ、健全な福音的なミスティシズム（神秘主義）の重要性について触れています。

そうした世界は、私達が考えている以上にずっと大きいんだということです。勉強したり、伝道したりするという世界、明るい世界だけの事しか多くの人々は考えていませんけれども、こうした世界は、広く、深いんだということを垣間見なければならないと思います。

これまで、デボーションの重要性は強調されても、その中味はみことばの知的な学びに終わったり、祈りも課題をこなす「仕事」になってしまうことが少なくありません。蔦田が言うこの「神の確認」こそ、今日のキリスト者にとって必要なものではないでしょうか。これは観想の祈りに通じると思われます。

第5部　聖書読みの聖書知らず

ヤコブ書4章13節〜15節「今日か明日、これこれの町に行き……」

聖書を読んでいながら大切な意味を読み飛ばしたり、それと気づかずに読み違いをしていることがあります。繰り返し読んではいても、ある語句を素通りしたり、言葉の意味を入れ替えて読んでしまったり、それをいつまでも気づかないでいることもあります。ここではそれを「聖書読みの聖書知らず」と名付けました。これからいくつか私の例を取り上げますが、長いあいだ気づかなかった私自身の読み違いですので、その不注意、勘違いを笑ってください。

以下のみことばを読んで、どこを私が読み違ったか探してみてください。

「今日か明日、これこれの町に行き、そこに一年いて、商売をしてもうけよう」と言っている者たち、よく聞きなさい。あなたがたには、明日のことは分かりません。あなたがたのいのちとは、どのようなものでしょうか。あなたがたは、しばらくの間現れて、それで消えてしまう霧です。あなたがたはむしろ、「主のみこころであれば、私たちは生きて、このこと、あるいは、あのことをしよう」と言うべきです。（ヤコ4・13〜15）

いろいろな計画を立てる場合、私たちには明日のことはわからないので、自分の立てる計画ではなく、主のみこころこそ求めるべきであると思い込みました。次のみことばも、そのことを教えているように思います。

人の心には多くの思いがある。しかし、主の計画こそが実現する。（箴19・21）

主のはかられることは　とこしえに立ち　みこころの計画は　代々に続く。（詩33・11）

しかし、この私の読み方はまったく焦点がずれたものでした。大切なところを読み飛ばしていたのです。より正確に言えば、読んではいても、その箇所が心にまったく残らず、読み違えていたのに気づかないでいたのです。

ヤコブが強調していることは、私たちの将来に対する見通しの不確かさ、また、それに基づく計画のおぼつかなさではありません。「明日のことはわからない」とは、自分の計画にとっての明日ではなく、自分のいのちの明日のことでした。自分のいのちのはかなさ、不確かさを謙虚に認め、その上で計画を立てるようにという勧めのことでした。

そして、この勧めの意図は、私たちのいのちは私たちの所有物ではなく、私たちの造り主である神のものであるということです。つまり自分が生きたいように生きるいのちではなく、神に生かされているいのちだという信仰からきていることばだと、ようやく気づくようになりました。

松尾芭蕉が晩年、病床にあったとき、弟子の去来が、「どうか辞世の一句をお残しください」と頼みました。そのときの師の答えは次のようだったそうです。

昨日の発句は今日の辞世、今日の発句は明日の辞世。わが生涯に言い捨てし句々、一句として辞世ならざるはなし。

また、茶道の心得として「一期一会」という言葉があります。どの茶会でも一生に一度のものと心得て、主客共に誠心誠意臨むことを教えています。どちらも、「明日のことはわからない」という、人生の真理を謙虚に認めた生き方に通じるでしょう。

私が読み飛ばしていた箇所は、すでにおわかりように「主のみこころであれば、私たちは生きていて、このこと、あるいは、あのことをしよう。」の中の「生きていて」でした。

エペソ書4章29節「悪いことばを、いっさい口から出しては……」

以下のみことばを読んで、どんな読み飛ばしをしているかお分かりになるでしょうか。読み飛ばしですから、以下は1箇所省いてあります。

悪いことばを、いっさい口から出してはいけません。むしろ、人の成長に役立つことばを語り、聞く人に恵みを与えなさい。（エペ４・29）

魂の配慮を、おもに言葉によってなす者にとっては、どのような言葉をどのように語るかは極めて重大なことです。

「私たちはみな、多くの点で過ちを犯すからです。もし、ことばで過ちを犯さない人がいたら、その人はからだ全体も制御できる完全な人です」（ヤコブ３・２）とヤコブが言っているように、自らを省みると、不適切な言葉で人を傷つけたり、おせっかいで無益な言葉を語ることがいかに多かったかと思います。また、「他の人々の霊的な進歩に役立つ有益な言葉」（詳訳聖書）を語らねばと思うあまり、結果的に、言わずもがなの言葉や的外れの言葉を語ってしまったことも私は少なくありません。

牧師・教師としての責任感や自意識過剰からかもしれませんが、人々との会話の中で、とかく教訓的なことを語ろうとする人もいます。自分自身もその例外ではありませんが……。特に先生と呼ばれる人の中には、どんな会話をしても、できるだけ霊的なことや人生に意味のある言葉を挿入して教えようとする傾向が多いようです。それは、いわゆる「雑談力」が乏しいからかもしれませんが。

冒頭にあげたみことばは、どのような言葉を語るべきでないか、どのような言葉を語るべきかを教えていますが、じつは、もう一つ大切なことを教えています。その大切なことを私は長いあいだ読み飛ばしていました。より正確に言えば、読んではいても、その部分が心に残らなかったのです。それは、語るべき言葉を「いつ、どんなときに」語ったらよいかを教えている言葉でした。まさしく言葉のＴＰＯです。ここで全文を正確に引用しますと、

悪いことばを、いっさい口から出してはいけません。むしろ、必要なときに（必要があれば、必要に応じて）、人の成長に役立ことばを語り、聞く人に恵みを与えなさい。（エペ４・29）

あるときこの、「必要なときに」が肝心であると分かりました。ある言葉が、そのとき、その状況の中で、聞く人にとって本当に必要な言葉であるかどうかの識別が求められます。語る側の勝手な憶測や思い込みから語ると、的外れな言葉になります。特に、相手が求めてもいないのに語ると、おせっかいや押しつけになります。私たちの文化では「察する」ことが美徳とされます。しかし思いやりの察しと、思い込みの察しとは紙一重の違いで、その区別は容易ではありません。

どうしたら「必要なとき」を知ることができるでしょうか。

私の場合、いままでの多くの失敗の経験からですが、いまでは察することをできるだけ止めて、相手がいまどんなことを必要としているかを、なるべく尋ねるようにしています。また、その前に、できる限りその人の話しをよく聞くことを心掛けています。

じっくり開いていると、その人のために私がいま何かを言う必要があるかないか、自ずと分かってくることがあります。

ともかく、この「必要なとき」の必要とは、私にとっての必要ではなく、あくまでも相手にとっての必要であることを忘れないようにしています。

第一コリント書10章13節「あなたがたが経験した試練はみな……」

以下のみことばを読んで、どんな箇所を読み違い、読み飛ばしていたかお分かりでしょうか。読み飛ばした箇所は省いてあります。

あなたがたが経験した試練はみな、人の知らないものではありません。神は真実な方です。あなたがたを耐えられない試練にあわせることはなさいません。むしろ、試練とともに脱出の道も備えていてくださいます。（Ⅰコリ10・13）

さまざまな試練に遭ったとき、私はよくこのみことばを思い浮かべました。神は私のことを私自身よりよくご存じなので、私の限界を越えるような試練に遭わせることはない、と自分に言い聞かせると、少し希望が湧いてきます。

ここまでは正しく読んでいたのでしょうが、そのあとを読み違えていました。神は真実な方なので、きっとこの試練から抜け出られる道を備えてくださるだろう、その脱出の道はどこにあるのだろうかと、私はあたりを見渡すような感じでした。試練とは、克服して、脱け出すべきものと考えていたからです。また試練と感じるその厳しい状況がなくなることを、ひたすら期待していました。

私が読み違えていた一つは、「試練とともに、脱出の道も備えて」の箇所です。神が備えてくださるのは逃れる道だけで、試練そのものも神の摂理の御手の中にあると思っていなかったのです。もう一つは、読み飛ばしによる読み違えです。

冒頭の全文を一度正確に引用すると、

あなたがたが経験した試練はみな、人の知らないものではありません。神は真実な方です。あなたがたを耐えられない試練にあわせることはなさいません。むしろ、耐えられるように、試練とともに脱出の道も備えていてくださいます。

（Ｉコリ10・13）

読んではいても、その中にある「耐えられるように」が、なぜか意識から欠落し、読み飛ばしていました。その結果、「脱出の道」とは、試練の苦しみや闘いのないところに抜け出る道であると思い違いしてしまいました。そのことに気づいてから、この試練の苦しみや闘いに耐えられる逃れの道とは、いったいどのような道なのかを考えるようになりました。

アルキメデスではありませんが、あるときお風呂の中で一つの発見をしました。湯船には、お湯があふれ出ないように、一定のところまできたらお湯を逃がす排水口が付いています。その「脱出の道」は、お湯をなくすためではなく、お湯があるレベルを越えないためのものです。

それに気づいた私は、もしかしたら先のみことばの逃れる道とは、このようなものではないかと思いました。試練の中で私の心の湯船がいっぱいいっぱいになっても、耐えられないことのないように試練のレベルを調節してくれる脱出口です。

この読み違いに気づいたときから、次のみことばが、試練に対する私の見方を変え、また、大きな励ましになりました。

私の兄弟たち。様々な試練にあうときはいつでも、この上もない喜びと思いなさい。あなたがたが知っているとおり、信仰が試されると忍耐が生まれます。その忍耐を完全に働かせなさい。そうすれば、あなたがたは何一つ欠けたところのない、成熟した、完全な者となります。(ヤコ1・2〜4)

第一コリント書10章31節「こういうわけで、あなたがたは……」

以下のみことばを読んで、どんな所を読み飛ばしているかお分かりでしょうか。飛ばした箇所は省いてあります。

あなたがたは、食べるにも飲むにも、何をするにも、すべて神の栄光を現すためにしなさい。（Ｉコリ10・31）

この聖句は私にとって長いあいだ、ある意味で謎でした。毎日の生活の中の最も日常的なことと言える「食べること」と「飲むこと」を通して、神の栄光を現わすとは、いったいどういうことなのだろうか？　何をどのように食べ、何をどのように飲むことが、神の栄光につながるものだろうか、と。

まず最初に取り組んだことは、「神の栄光」という言葉の意味でした。いろいろ調べると、神の尊厳、威光、卓越性、完全性などと説明されていますが、いまーつはっきりしません。また「神の栄光を現わす」とは具体的に何なのか、あれこれ考えても漠然としたままでした。この聖句の原語にも当たってみました。

ギリシャ語の「エイス ドクサンテウー」ですが、このエイスは、「〜を目的として」、あるいは「〜が結果となる」という意味であると分かりました。当時の食物規定や偶像に献げた肉が問題だったことも分かりますが、ただ、神の栄光を現わすために、あるいは結果として神の栄光が現れるように「食べること、飲むこと」の具体的意味は、依然として分かりませんでした。

次に取り組んだのは、毎日の生活の中で食べながら飲みながら、神の栄光を現わす食べ方、飲み方について体でも思い巡らすことでした。「食の霊性」についてはキリスト教だけでなく、仏教や神道のいろいろな考え方も参考にしました。友人が永平寺に連れていってくれたとき、一人の修行僧が、「ここでは座禅だけでなく、食事も掃除もすべてが修行です」と言った言葉に、大いに啓発されました。彼にとっては、生活のすべての営みが信仰の行《ぎょう》だと言うのですから。

しかし、ずいぶん時が経って、先のみことばの大切な箇所を読み飛ばしていたことに気づきました。全文を正確に引用すると次のようです。


こういうわけで、あなたがたは、食べるにも飲むにも、何をするにも、すべて神の栄光を現すためにしなさい。（Ｉコリ10・31）

私はこの聖句を、日常生活の霊性について教えている、とても大切な箇所として受け取っていました。しかし、いちばん大切な「こういうわけで」を読み飛ばしていました。その結果、私の取り組みは的外れになってしまいました。

パウロは、この節の前で、キリスト者の生き方の中心、あるいは基本について教えています。「だれでも、自分の利益を求めず、ほかの人の利益を求めなさい」(24)。そしてこの節の後で、パウロ自身もそのように生きることに努めていると言っています。「私も、人々が救われるために、自分の利益ではなく多くの人々の利益を求め、すべてのことですべての人を喜ばせようと努めているのです」(33)。ひと言で言えば、「わたしがあなたがたを愛したように、あなたがたも互いに愛し合いなさい」とのイエスの戒めに生きることを、食べること、飲むことという日常的で個人的なことにおいても、隣人愛、兄弟愛の実践のために行うことを勧めていることに気づきました。

そして、イエスが生きられたように生きるとは、きわめて日常的で具体的なことの中でなされるべきであり、またそれは、孤立した個人の生き方ではなく、兄弟姉妹との交わりの中に生きる生き方なのだ、と思うようになりました。

つまり、食の霊性を個人の霊性ではなく、共同体の霊性として考えるようになってきたのです。食べることや飲むことが、神の栄光を現わすことにどうつながるのかという初めの問いにも、少しづつ光が与えられてきました。これからもこの問いを、心と体で問い続けていたいと思っています。

コロサイ書３章17節「ことばであれ行いであれ……」

以下のみことばを読んで、どんな読み飛ばしているかお分かりになるでしょうか。今回は、１箇所も省いていません。

あなたのすることはすべて、言葉によるとわざによるとを問わず、いっさい主イエスの名によってなし、彼によって父なる神に感謝しなさい。
（コロ３・17 口語訳）

この聖句も、前回の第一コリント書10章31節と共に、日常生活の霊性について教えている大切な箇所として受け取っていました。

パウロは、「すべて」と「いっさい」ということばを重ねることによって、まさしく行住坐臥《ぎょうじゅうざが》のすべてを信仰のわざとして生きること、そして、それを通して神に感謝するように勧めています。

私の問いはまず、「主イエスの名によってなす」とはどういうことなのだろうか、ということでした。日常生活のいっさいのことをする際の動機や目的の問題なのか、態度や心の姿勢の問題なのかと考えました。そして、いろいろ試みたり、調べてみたりしてたどり着いたのは、次のことでした。主イエスの名によって何かを行うとは、

① 主イエスの名代、代理人としてそれをなす。
② 主イエスの恵みと力を頂いてなす。
③ 主イエスと結びついて主と共になすこと、あるいは、自分を通して主に働いていただくこと。

このような一応の理解にたどり着いても、問題は、それを日常生活の中でいかに実践するかです。主イエスの名代としてすべてのわざをなすというのは、とても恐れ多いことです。あまりにも多くのことを無意識に、あるいは、習慣的に話したり、行動しています。それでは主の代理人という自覚を持った言動とはとても言えないと感じます。

主イエスの恵み（もともとできないことを、できるようにしてくださる恵み）と愛する力を与えてくださいと願うより、自分の力でできると思えばするし、できないと感じればしないという態度は、そう簡単に変わりません。そんな自覚を持って冒頭のみことばを読み直すと、ある箇所を読み飛ばしていたことに気づきました。

それは、「主イエスの名によって」と「彼によって」が、私の意識からすっかり抜け落ちていたことです。繰り返し読んではいても、パウロの口ぐせか和歌の枕詞《まくらことば》のように見なして、はじめからそこに意味を認めようとしなかったのかもしれません。私は「なす」こと、つまりどう行動するかにばかり目がいっていました。

しかし、「主イエスの名によって」の意味がだんだんと私に分かってきて、ほんの少しでもそのことを体験的に知ると、読み飛ばしていた「イエスの名によって」と「彼によって」の重さを感じるようになりました。

「言葉によるとわざによるとを問わず、いっさい主イエスの名によってなす」こと自体が、主イエスへの祈り、主イエスとの交わりなくしてできないと分かってきました。そしてパウロの神への感謝が、どのような体験や思いから出てきたものなのか、より深く思い巡らすようになってきました。

マルコ1章35節「さて、イエスは朝早く、まだ暗いうちに……」

今回は、読み違えというより勘違いの問題ですが、翻訳上のことも少し関係します。以下のみことばを読んで、どんな勘違いが私にあったでしょうか。

さて、イエスは朝早く、まだ暗いうちに起きて寂しいところに出かけて行き、そこで折っておられた。（マコ１・35）

この箇所は、信仰を持ち始めたころ、「静思の時」の大切さを教えられる際、たいてい引用されるのでよく聞いていました。次のように教えられたのか、私がそう理解したのか定かではありませんが、「静思の時」は早朝、しかも朝食の前でなければならない、その時間がなければ、食事より「静思の時」を優先すべきだと言われることもあります。それで私は、朝食抜きで家からよく出かけたことを思い出します。とにかく、「ねばならない」や「べき」という意識が強かったように思います。

やがて、聖書を読むうえで文脈を捉えることの大切さを知るようになり、この聖句を読み直しました。そしてイエスが朝早く、まだ暗いうちに起きて寂しい所に出て行かれた理由が見えてきました。

イエスは前の晩、ペテロとアンデレの家に泊まりましたが、弟子になったヤコブとヨハネも一緒だったようです。日が沈んで安息日が終わった夕方、大勢の人々がその家に押し寄せてきました。イエスは病人の一人ひとりに手を置いて癒やし、悪霊につかれた人からは悪霊を追い出しました。その様子から、次の日の夜明けにも人々がやってくることが充分に推察できたでしょう。案の定、朝から群衆が押し寄せたと記されています。

それほど広くない漁師の家に、しかも弟子たちと一緒に泊まっていたため、静かに祈ることのできる場所は、家の中になかったでしょう。日が昇ると人々がやってくると予想されたので、まだ暗いうちに家の外に出て、独りになり、じっくり祈りの時を持つために、人里から離れた寂しいところまで行かねばならなかったと思われます。

このように文脈を捉えてこの聖句をみると、イエスの祈りの姿を模範にするとはいっても、その意味合いが変わってきます。「夜明け前でなければならない」とか、「寂しいところに行かなければならない」といった、時間や場所にとらわれなくてよいことが分かってきます。

要は、独りになれ、祈ることができるなら、いつでも、どこでもいいのです。私に教えてくれた人はおそらく、「静思の時」を持つことの習慣化のために、毎日決まった時間に持つのがよいと勧めたのでしょう。たしかに当時の私の場合、毎日ほぼ決まった時間に朝食を食べ、ほぼ決まった時間に家を出て学校に行く生活リズムを考えると、朝食前が一番ふさわしいことは確かでした。

「静思の時」は、最近は「ディボーション」と呼ばれるようになりましたが、名称はともかく、大切なのはその目的です。その時間を持っていれば良く、持っていなければダメといった信仰生活のバロメーターではありません。その目的とは、日々の生活を神の前に、神と共に生きることができるように、一日の中でのひと時、心を静め、神と交わりの時を持つこと、これが「静思の時」の目的です。

ですからその内容は、聖書を開いて神の語りかけを聴くことだったり、神に語りかける祈りだったり、神に心を向けて沈黙することだったり、前日かその日をふり返り、感謝したり悔い改めたりするなど、いろいろです。

いつ、どこで、どのくらいの時間でなどは、それぞれの生活の状況や習慣、また体調や心の状態などによって変わるでしょう。私の場合は、毎朝のウォーキングのとき、しばし立ちどまって雲を見上げたり、道端の草花や空の鳥をじっと見ることも「静思の時」の一部です。目的さえはっきりしていれば、いろいろ試すうちにいまの自分に合った方法が見つかるでしょう。

翻訳で抜けていた箇所

あるとき、一人の友人から教えてもらったことがあります。マルコの福音書１章35節の翻訳上の興味深い箇所のことです。その箇所をいくつかの訳で見比べてみましょう。傍点部は動詞です。

新改訳２０１７訳「さて、イエスは朝早く、まだ暗いうちに起きて寂しいところへ出かけて行き、そこで祈っておられた」（新改3版とほぼ同じ）

口語訳「朝はやく、夜の明けるよほど前に、イエスは起きて寂しい所に出て行き、そこで祈っておられた」

聖書協会共同訳「朝早くまだ暗いうちに、イエスは起きて、寂しい所へ出て行

き、そこで祈っておられた」（新共同訳もほぼ同じ）

フランシスコ会訳（協会共同訳とほぼ同じ）

文語訳「朝まださ暗き程《ほど》に、イエス起き出でて、寂しき虚《ところ》にゆき、其虚《そのところ》にて祈りいたまふ」

永井訳「また夜明に甚《いた》く暗かりし頃、彼は立ち上がりて出で来り給えり。かくして寂しき場所に去り、そこにて祈りておわしき」

ＮＩＶ訳 Very early in the morning, while it was still dark, Jesus *got up*, *left* the house and *went off* to a solitary place, where he *prayed*.

ＮＡＳＢ訳 And in the early morning, while it was still dark, he *arose* and *went out* and *departed* to a lonely place, and *praying* there.

ギリシャ語の原文では、「起きる」「出る」「去る」「祈る」の４つの動詞がありますが、永井訳とＮＩＶ訳とＮＡＳＢ訳以外はみな、三つにまとめています。その結果、「去る」「離れて行く」（ギ語 aperxomai）が薄れてしまっています。イエスは、ただ家を出たのではなく、あえて人気のない寂しい所に、人里離れた所に去って（退いて）行かれたのです。この姿は、次の節にも見られます。

だが、イエスご自身は寂しいところに退いて祈っておられた。（ルカ５・16）
イエスは……再びただ一人で山に退かれた。（ヨハネ６・15）

弟子たちがいつもそばにいるばかりでなく、人々の群れに囲まれたり、多くの人が押し寄せてきたりしたイエスでした。そのためか、時々寂しい所へ、荒野へ、山へ、あえて立ち去ること、「退くこと」を習慣としておられたことがうかがえます。
イエスの生き方に倣うなら、日ごとの祈りの時間と場所を確保するだけではなく、ときには、あるいは定期的に、生活と働きの場を「離れて」独りきりになる「退く」ことの必要性が分かってきます。実際、そのような時と所を持たなければ、自分を見失い、神を見失う危険があることは私の経験からも分かってきました。

ここまで、読み違いや読み飛ばしを私がしてきた聖書箇所の一つひとつをよく見てみると、それらはみな、生活の中の霊性にかかわるものであることが分かります。人生観や死生観について、試練について、語ることばのＴＰＯについて、食事について、また、一つひとつのことばや行いの意味や目的について、そして、日々の神との交わりについて語っています。

それらを注意深く読まず、深く理解せず、充分に思い巡らすことがなかったことに現れているのは、私の信仰と生活がしっかりと結びついていなかったことです。第４部「先人に学ぶ日常生活の霊性」で取り上げた人々の生き方から学びたいと思ったのは、その反省からきたものです。

質疑応答　「霊的エクササイズ——黙想とは」

本編は、雑誌『百万人の福音』（２０１８年10月号　いのちのことば社）に掲載された記事を補筆改訂したものです。

Q　なぜ信仰生活に黙想が必要なのでしょうか？　聖書通読、祈り、礼拝出席、修養会やキャンプへの参加など、神様と交わる機会は他にもたくさんあると思うのですが。

太田和——聖書研究や礼拝メッセージからの学びは、もちろん大切です。黙想はそれとは別ですが、深いつながりがあります。キリスト者としてより豊かに生きるためには、学びと黙想の両方が必要なのです。

私たちの生活は、仕事や家庭、その他さまざまな人間関係や出来事で成り立っています。ただし、自分と神様との関係があやふやなままでは、それぞれがばらばらで統合されていません。すると自分が何者なのかさえ見えてこなくなります。

その状態で聖書を読んでも、頭だけの理解にとどまり、ただやみくもに「これを自分の生活に適用していこう」、という読み方になってしまいます。適用と言っても、適用される自分の現実や生活がはっきり見えていなければ、どうやって適用できるでしょうか？　「自分を捨てて」と言っても、自分が分かっていない人に自分は捨てられません。それは、信仰ではなく道徳になってしまうでしょう。

真面目なキリスト者ほど、自分のことが分からないまま聖書を読むと、「こうしてはならない」「こうするべきだ」と、行動規範を求めるだけの律法主義的な生き方になりがちですし、やがて信仰生活で疲れてしまう人が出るのは、そのためだと思われます。

信仰とは何よりも自分と神様との関係、人格的な交わりのことです。それを言葉だけの抽象的なものにしないために、いま自分がどういう状態であるかを理解し、神様との関係を明確にしていくことが必要ではないでしょうか。その手引きとして黙想があります。

Q　黙想というと、禅の瞑想や精神鍛錬のためのもの、神秘主義的なものを連

想する人もいると思います。セミナーで行う黙想は、それらとどのような違いがあるのでしょうか?

太田和——私のセミナーで行う黙想の中心にあるのは、「みことばの黙想」です。1500年前、西欧の修道会の創始者ベネディクトが教えた「レクチオ・ディヴィナ」という名で呼ばれるものですが、日本語に訳すと「聖なる読書」で、それを基にして行っています。

その手順はまず、静まれる場所を用意し、身体の姿勢と呼吸を整え、心と体を落ち着かせます。そして心の内で、例えば詩篇130篇5節「私は主を待ち望みます……」を唱え、しばし沈黙の時間を持ちます。その後、セミナーを導く人が、その日に黙想する一つの聖書箇所を何回か繰り返しゆっくり朗読します。

参加者は沈黙してそれに耳を傾けます。あるいは、その箇所を各自が口ずさみつつ、繰り返しそのみことばを読みます。その中で、心に留まるみことばや箇所に思いを巡らします。その後、その思い巡らしや、思い巡らす中で心に浮かんできた気持ちや思いを基にして、そこから生まれる応答の祈りを神様に献げます。最後に、神様に心を向けてまた沈黙の時を持ちます。

他で行っている瞑想法のことは分かりませんが、この「みことばの黙想」が求めるものは、「神様が近づいてくださること」、つまり臨在を経験すること、そして「神様がいまの自分にみことばから語ってくださること」です。

Q　CLSK（クリスチャン・ライフ成長研究会）のセミナーでは、黙想と共に「ふり返り」も重視しているとのことですが、それはどのようなものでしょうか?

太田和——「ふり返り」は、過去数か月や半年、一年などの期間を決めて自分の生活をふり返ります。その中で起きた出来事について、自分がそれをどのように経験したか、あるいはいまもどう体験しているかを思い巡らし、そのとき、どう感じたかを思い出すことをします。これは、生活の中の出来事や経験の意味を見出すうえで、とても重要です。

例えば、仕事や人間関係の中であったうれしいことや悲しいこと、嫌だなと感じたことなどについて、まず表面的にどう反応し、どう感じたか。「こういうことがあってうれしかった」、あるいは頭にくることがあって「私はこういう場面ではすぐかっとなる」などと、気づいたことに注意を向けます。その後、そこにもう少し深く近づいていく。そこにどういう意味があるのかを思い巡らします。そのとき、ノートを取ると助けになるでしょう。

大事なポイントは、それらの経験が自分にとって、そして神様との関係において、どういう意味があるのかに焦点を当てることです。聖霊の導きから応答しているのか、あるいは聖書でいう自分の古い肉が反応しているのか。それが分からないときは、自分のこの反応にはいったい何が現れているのかを、神様に尋ねていきます。

Q　ふり返りの中で、自分の負の感情に気づいたときは、それと正面から対峙《じ》

するのはつらそうですね。

太田和——あまりにつらいときは、そっとしておきましょう。いつか向き合うのにふさわしいときがくるでしょう。また専門家の助けが必要な場合もあるでしょう。いずれにしてもそういう気づきは、神様、あるいはイエス様の恵みの座へ私たちを近づけてくれる後押しとなりえます。

そのことで神様の無条件の愛をより深く知り、その恵みを体験する中で、自分の中に癒やされる必要のある傷が見えてきます。それでも、そんな自分を愛し、受け入れていてくださっている神様の恵みが身に染みて分かってきて、「私を憐れんでください」という祈りが、心の底から出てくることでしょう。

Q 「みことばの黙想」で得られるものは何でしょうか？

太田和――誤解のないようにしなくてはなりませんが、黙想は決してテクニックではありません。いまの時代は技術やテクニックに走りがちですが、黙想についても、「これをすれば必ず神様が近づいて神様が臨在し、自分に語ってくれる体験が得られる」と捉えるなら、それはテクニックになり、人間が神様をコントロールすることになってしまいます。

神様をコントロールすることなど人間にはできません。私たちにできるのは、「主を待ち望む」（詩33・20）こと。静まり、黙想して、神の側から近づいてくださり、語ってくださるのを待ち望む備え、心の姿勢を保つことくらいです。

それを踏まえた上での話になりますが、みことばを黙想することが持つ多くの意味のうち、一つは、自分の状態に気づくことです。みことばをいろいろな角度から見ることは、さまざまな自分の面や自分が置かれた状況への気づきにつながります。

分かりやすい例を挙げると、例えば、湖で舟に乗ったイエスと弟子たちが嵐に遭い、弟子たちがパニックになる場面がマルコの福音書の第4章にあります。イエスは何と船尾で眠っています。そこで弟子たちが「私たちが溺れ死んでもかまわないのですか！」とイエスに訴えます。この聖書箇所を黙想すると、さまざまな思考の断片が頭に浮かぶでしょう。

あわてふためく弟子たちの姿を、「いまの自分と同じだ」と感じたり、「神様はいくら呼びかけても答えてくれない」「イエス様のように寝ていて助けてくれない」など……。しかし思い巡らすうちに、「この状況で寝てるってどういうことだろう」「なぜイエス様は、『どうして怖がるのですか』などと言ったのだろう」と考えが深まっていきます。人によっては、「ああ、イエス様がそばにいるから大丈夫なんだ」とか、「弟子でさえパニックになったのだから、私も焦らずゆっくり成長していけばいいのだ」という気づきが生まれます。

これはあくまでも一例です。「気づき」は起こることで、必ず与えられるものではありません。「ふり返り」での自分への気づきと、みことばへの気づきが自然に一体化して起こることもありますし、そうならないときもあります。みことばのどの部分に気づくかも、人それぞれ。一回で気づくこともあれば、とても時間がかかる場合もある。ただそれこそ、人に教えてもらうことも意識的に作ることもできない、黙想の中で与えられるかもしれない大切な「実」であるのです。

Q　黙想などの霊性の訓練について、プロテスタントの教会では具体的な指導が少ないように感じます。「受洗したら、あとは礼拝と行事への参加と伝道」で終わってしまいがちではないでしょうか。

太田和——500年前の宗教改革から派生したプロテスタントには、カトリックの信仰者たちが積み上げてきた信仰上の伝統的遺産の中にある良いものをあまり顧みない傾向があるようです。キリスト教の歴史のうち、宗教改革以前の1500年のあいだも、私たちプロテスタントにとって大切な霊的遺産だと言えるでしょう。聖書を読むこと、祈ることが受け継がれているように、みことばの黙想についても、もう一度その価値を見直す必要があるのではないでしょうか。

信仰を持って受洗することは、私たちが神様の前で義とされたこと、恵みによる救いを確かにする一つのゴールです。しかし救いは、「すでに救われた」「いま救われつつある」「やがて救われる」という、過去と現在と未来にわたるもので、受洗したらすべて完成、何もしなくてよいというわけではもちろんありません。義とされて成長すること、つまり「聖化」という、生活の中でみことばを実践できるように変えられていくプロセスが残されているのです。

それについては、たとえばコリント人への手紙第二などで教えられています。「鏡のように主の栄光を映しつつ……主と同じかたちに姿を変えられていきます」（3・18）。「鏡のように映しつつ」は「コンテンプレーション（contemplation）」、すなわち見つめつつという意味（観想）の言葉です。

では、どうしたら見ることのできないイエスの栄光を見つめることができるのでしょうか？　そのために信仰者は、昔からいろいろなエクササイズを模索してきました。黙想もその一つなのです。

それが目指すものは、いつ、どんなときも自分の心の動きに気づき、より神様のみこころに沿った歩みができるようになることです。ただ初めのうちは、「ああ、自分は肉的な思いに動かされたり、サタンに誘惑されて反応してるのではないか」と気づくのが精いっぱいでしょう。「何も感じられない」「聖霊の導きに応えてちゃんと生活しているなんて、ほとんどない」と思う人もいるでしょう。

でも、そんな気づきと経験を積み重ねることこそが大切なプロセス、「聖化」の歩みの一歩一歩なのです。

Q　これから黙想を始めようという人は、どのような点に気をつけたらよいでしょうか?

太田和——黙想は、教会生活や祈りの生活で意識せずとも部分的に行っていることですが、集中的に身につけるには、できれば知り合いがいるか、信頼できるクリスチャン団体が主催するセミナーに参加するのがよいと思います。そこで基本的なやり方を体験すると理解しやすいでしょう。

ただ、そこでの黙想の仕方も一つの手引き、道具ですから、必ずしもいつも同じ方法で行う必要はありません。聖霊の助けをいただきながらいろいろ試し、自分に合った方法を見つけていくのがよいでしょう。

何よりも大切なのは、「信仰の創始者であり完成者であるイエスから、目を離さない」（ヘブル12・2）ことを、どうすれば実現できるかに注意することです。知的に学ぶだけでなく、みことばを味わいつつ黙想することでイエス様に近づいていただく。より近い関係を育てていく。

その手段の一つとしてこうした実感と体験を積み重ねていくことが、信仰生活の歩みをより豊かに生きていく秘訣《ひけつ》ではないかと思います。

あとがき

私の人生の旅路をふり返ってみると、いくつかの意味深い出会いがあったことが思い出されます。前著『しばし立ち止まり、ふり返る』では、長い海外での生活から戻った50代の初めに与えられた心の友との出会いと、その友である坂野慧吉《けいきち》さんとの交わりから生まれた働きについて述べました。「牧会者のための静まりセミナー」です。

同じころ、もう一つの出会いがありました。知人に食事の交わりに誘われたときのことです。別れ際にヘンリ・ナウエンの本をプレゼントされました。ナウエンの本はいくつか読んでいましたが、その本 *Here and Now*（邦訳『いま、ここに生きる』）は、まだ読んだことのないものでした。

しばらくして、その知人から感想を尋ねられ、非常に感銘を受けたと伝えました。驚いたことに彼は、「訳してみませんか」と言うのです。それまで本の翻訳はしたことがなく、文筆は苦手であることを理由に辞退しようと思いました。ところが、その本の最初に、日付と共に「太田和さんへ　再会できましたことを感謝して　小渕春夫」とあるのに気づきました。なんとその日は私の誕生日でした。この〈偶然〉に摂理的なものを感じ、思い切って引き受けることにしました。

この出会いは、のちにナウエンの『静まりから生まれるもの』と『主の憐れみを叫び求めて』も翻訳する機会につながりました。ロングセラーとなった『いま、ここに生きる』（1997発行）やこれらの本を通して、私自身の霊的生活に多大な恩恵を受けたことを思うと、そのときは分からなくても、神の恵みのご計画はしばしば小さなこと、しかも、たまたまの小さな出来事や出会いから始まることに感動します。

本書の第1部、第2部、第4部は、CLSKの機関紙「風の色」に連載したものを加筆改訂したものです。その第1号から第44号まで編集長の小渕春夫さんと編集協力の森直樹さん（当時友の会事務局長、後にCLSK主事）の多大な労によって発行されました。2023年8月に天に召された森さんとの出会いも心に残るものでした。前述の坂野さんと始めた「牧会者のための静まりのセミナー」に森さんも参加され、そこで始まった彼との魂の深い交わりとも呼べるものがきっかけでした。

第3部は、森直樹さん、千音子さんご夫妻が、牧会者とその配偶者のために始めた「牧会塾」のクラスでの内容がもとです。その働きは現在、「牧会ステーション」として引き継がれています。この両クラスを担当したことは、私自身のセルフ・ケアや霊的修練で大きな励ましとなりました。第5部は、坂野さんを中心に数名の編集員によって発行された「牧会ジャーナル」への寄稿文がもとです。こうしてふり返ると、本書の内容のほとんどが、これまで出会った人々との交流から始まったことが分かります。

アリスター・マクグラスはその著『キリスト教の将来と福音主義』の中で、「信頼に足る、首尾一貫した、特色ある霊性が欠けているということが認められているが、これは今日の福音主義が直面する最大の弱点の一つである」と述べています。これは30年前の、おもに欧米の福音主義への指摘ですが、私の個人的な印象では、今日の日本にも少なからず当てはまると思われます。本書で取り上げたささやかな試みが、これからの世代のキリスト者ために、この弱点を克服する一つの刺激になれば幸いです。

ここで、私の人生のふり返りと生活の中の霊性の追求に、さまざまな励ましや機会を与えてくださった師や友に感謝したいと思います。特に、すでに主のみもとに召された方々がいなければ今日はありません。霊性の探求への旅に招き、押し出してくださったハンス・ビュルキ氏、アゴ・ビュルキ氏、ＣＬＳＫの名称の産みの親であった友であり、同志であった片岡伸光氏、ＣＬＳＫの発足時から顧問としていつも励まし、祈ってくださった生島陸伸氏、その初代運営委員長として夢を語り合った松木祐三氏、二代目運営委員長として長らく支え導いてくださった唄野隆氏、ＣＬＳＫ友の会代表世話人として、また同志として労してくださった江藤博久氏、友としての交わりをいつも呼びかけてくださり、共に楽しんだ堀肇氏、そして、「風の色」の発行、ＣＬＳＫのもろもろのセミナーやリトリートの準備や膨大な事務を一手に引き受けてくださり、最後の数年間は千音子夫人と共にいくつものリトリートも導き、次世代にバトンタッチしてくださった森直樹氏に、心から感謝を捧げます。

最後になりますが、前著と共に本書の助産師として労し、忍耐深く励ましてくださった小渕春夫・朝子夫妻に心からの感謝をいたします。

２０２４年６月　松江にて　著者

参考文献（あいうえお順）

犬養道子『幸福のリアリズム』（中公文庫 1984）

太田和功一『しばし立ち止まり、ふり返る』（あめんどう 2022）

奥村一郎『祈りの心――愛の息吹』（海竜社 2001）、『祈り』（女子パウロ会 1990）

片岡伸光『主の前に静まる』（日本キリスト教団出版局 2019）

高木一雄『関西のキリシタン殉教地をゆく』（聖母文庫 2005）

蔦田二雄『朝毎に主を待ち望む――伝道者と密室祈祷』（イムマヌエル綜合伝道団出版局 1988）

中村佐知『魂をもてなす――霊的同伴への招待』（あめんどう 2021）

林牧人編『主の祈り（信仰生活ガイド）』（日本キリスト教団出版局 2020）

別府恵子『回想録――生かされ、生きて七十年』（キリスト新聞社 2013）

星野富弘『風の旅・四季抄』（立風書房 1982）

八木重吉『定本 八木重吉詩集』（彌生書房 1958）

吉川直美編著『ひと言でいいのです』（いのちのことば社 2012）

リバス、イシドロ『二人の自分――心の動きをみつめて』（女子パウロ会 2019）

＊　＊　＊

ヴァイツゼッカー、R・v『想起と和解――共に生きるために』加藤常昭訳（教文館 1988）、『荒れ野の40年 ドイツ終戦40周年記念演説』永井清彦訳（岩波ブックレット 1986）

グリーン、トマス・H『花婿の友――霊的同伴の道しるべ』（夢窓庵 2005）
クンツ、デイヴィッド『急がない！ ひとりの時間を持ちなさい』畔上司訳（主婦の友社 2007）
ゴードン、アーネスト『クワイ河収容所』斎藤和明訳（ちくま学芸文庫 1995）
スウィンドル、チャールズ・R『全能の主との親しい交わり』太田和功一訳（いのちのことば社 2001）
スチュアート、イアン ジョインズ、ヴァン『TA TODAY 最新・交流分析入門』深澤道子・篠崎信之監訳（実務教育出版 2022）
ステッド、ティム『マインドフルネスとキリスト教の霊性―神のためにスペースをつくる』柳田敏洋、伊藤由里訳（教文館 2019）
スミス、ジェームズ・ブライアン『エクササイズ』松本雅弘訳（2016）『エクササイズⅡ』松本徳子訳（2017）『エクササイズⅢ』松本徳子訳（2018）（いのちのことば社）
テレサ、マザー／ロジェ、ブラザー『祈り――信頼の源へ』植松功訳（サンパウロ 1996）
トウザー、A・W『神への渇き』柳生直行（いのちのことば社 1990）
ナウエン、ヘンリ『いま、ここに生きる』（あめんどう 1997）『静まりから生まれるもの』（同 2004）
ハレスビー、O『祈りの世界』鍋谷堯爾訳（日本基督教団出版局 1998）
ハン、ティク・ナット『味わう生き方』大賀英史訳（木楽舎 2001）
ハンラッティ、マラキー『神に聴く祈り――祈りのガイドブック』金成彰子訳（女子パウロ会 2010）

ビュルキ、ハンス「主の弟子となるための交わり——日々の生活の中で霊性を培う」（いのちのことば社 1999）。ドイツ語の原題は Zweiershaft（二人の関係）
フーストン、ジェームス『神との友情——あなたを変える祈り』（いのちのことば社 1999）
フィリップス、スーザン・S著『修養する生活』重松咲子訳（いのちのことば社 2018）
フォスター、リチャード『スピリチュアリティ 成長への道』中島修平訳（日本キリスト教団出版局 2006）
フランクル、ヴィクトール・E『それでも人生にイエスと言う』山田邦男・松田美佳訳（春秋社 1993）『夜と霧 新版』池田香代子訳（みすず書房 2002）
マクグラス、アリスター『キリスト教の将来と福音主義』島田福安訳（いのちのことば社 2003）
ラーナー、カール『日常と超越』古希記念著作選集：人間の道とその源 田淵文男編（南窓社 1974）
ラウレンシオ修士『神の現存の体験』東京女子跣足カルメル会訳（ドン・ボスコ社 2013）
ローレンス、ブラザー『敬虔な生涯——ふだんの生活の中におられる神』栗原督枝訳（CLC出版 1991）ラウレンシオ修士とブラザー・ローレンスは同一人物。後者は英語の発音による。

* * *

Barnes, Craig, *The Pastor as Minor Poet: Poet-Texts and Subtexts in the Ministerial Life*（Eerdmans 2009）
Harbaugh, Gary, *Pastor as Person*（Augsburg Fortress Pub 1984）
Keating, Thomas, *Open Mind, Open Heart The Contemplative Dimention of The Gospel*（Continuum International Publishing Group Ltd. 1997）

解説——クリスチャン・ライフ成長研究会の設立経緯と働き

水口 洋（ＣＬＳＫ運営委員長）

太田和功一氏と初めて出会ったのは１９７３年の春でした。シンガポールの神学校での学びを終え、キリスト者学生会（ＫＧＫ）主事として戻られたばかりでした。大学聖研の春合宿でのこと、学生だった私たちと相撲をとり、ひ弱な私たちは投げ飛ばされました。キリストを伝えるために「喝を入れられた」印象を持ったことを覚えています。

それから５０年が経ちました。そのあいだ世界は大きく変化しました。飽くなき欲望を肯定する資本主義の広がりと情報の氾濫の中で、人々は心の静けさを失い、押し潰されようとしています。こうした環境は、キリスト教霊性の再発見につながる背景となり、人間をトータルな存在と考え、人格の成熟を目指す重要性への認識が広がってきました。

２０００年にわたるキリスト教の長い歴史をたどると、黙想を日課とする修道院運動を始めとする霊的修練の豊かな伝統があります。ただしプロテスタント教会は、知的学びと活動、交わりが中心になりやすく、また神秘主義への傾斜に警戒感も強く、主との交わりの大切さを全面に打ち出す運動は、限定的にしか広がらない状況でした。

キリスト教霊性への認識が私たちの周りで広がり始めたのは、本書で紹介されていますが、国際福音主義学生連盟（IFES）副総主事でスイス人のハンス・ビュルキ氏との出会いが発端でした。ビュルキ氏は、スイスのラサという山村で「ライフリビジョン（人生の見直し）セミナー」を開始し、アジア・南米でも同様のセミナーや「静まりのリトリート」を指導しました。欧州の一部でも、最初はなかなか理解されなかったようです。

ビュルキ氏は、KGKやその卒業生のために何度かセミナーを行い、神と共にある生活と人格が統合に向かう道筋を示しました。若かったころの私もセミナーに参加し、大きな刺激を受けました。太田和氏は通訳者としてビュルキ氏の働きを助けました。

1996年春にビュルキ氏を再び日本に迎えるため、太田和功一氏、坂野慧吉氏、唄野隆氏、片岡伸光氏は、「クリスチャン・ライフ成長研究会」（CLSK）を結成して受け入れ準備に当たりました。ビュルキ氏の伴侶者で精神科医アゴ氏を招いたセミナーも行われました。それらの働きは後に「インテグレーション・セミナー」「牧会者と霊性セミナー」「生活の中の霊性セミナー」「夫婦セミナー」「中高年のための節目検診セミナー」などの形で実を結びました。こうしたことを通した体験的な学びは、参加者の種々の霊的必要に応えることになり、それを求めるキリスト者の間に浸透していきました。

２００1年2月、賛同者を集め、体制をより整えたＣＬＳＫの設立総会を開きました。運営委員長に松木祐三氏、非常勤主事として太田和功一氏が立てられました。翌年には太田和氏が専任主事となり、この運動を支える「ＣＬＳＫ友の会」や「太田和功一支援会」が発足、そして機関誌『風の色』を年3回発行することも決まり、本格的な活動が開始されました。創立当初のパンフレットにはその趣旨がこう記されています。

ＣＬＳＫでは、キリスト者の霊的渇きに応えるために、みことばの黙想、静まりの時を持つ場を提供しています。深い黙想の時や神と自分とに向きあう霊的修練を一人で実践するのは多くの困難が伴います。そこでＣＬＳＫでは、経験を積んだ指導者のもと、落ち着いた心で主と交わり、みことばに耳を傾けるための支援をしています。主の前でのありのままの自分の姿と、たどってきた人生の現実にあなたが向き合うことで、これまで気づかなかった素晴らしい主との出会い、その働きと恵み、真理に目が開かれていくことでしょう。

その後、その働きは運営委員会を中心とし、静まりの時を体験したさまざまな人たちによって日本各地に広がっていきました。その過程は、組織的なものが優先されないように配慮しつつ、その祈りの時の大切さを分かち合う共同体・運動体として展開されていきました。宣伝や公告イベントはほとんどなされなかったのですが、必要と思われる人から人へと伝えられ、この運動を主体的に担う人々が起こされてきました。

2018年、CLSKは太田和功一氏を総主事とし、森直樹氏を主事として迎えました。機関誌も『風の散歩道』に変わりました。そして、この運動を次の世代に継承するための準備が始まりました。「主との交わりの中でみことばに耳を傾ける」営みは、キリスト教信仰を貫く基本姿勢ですが、その形は時代や担う人々によって変わっていく必要があります。感謝なことに、新たな人たちが与えられて継承されつつあります。

現在、太田和氏は総主事を退任し、シニアアドバイザーとしてその働きを支援してくださっています。そして今回、長年にわたる静まりでの主との交わりから見出した「言葉」の数々と具体的な霊的修練が本書にまとめられたことに、関係者一同大変喜んでいます。本書は、運動体としてのＣＬＳＫの理念と実践の集大成であり、次世代に手渡したい大切な内容が概括的に記されています。

ＣＬＳＫが実践し、かつ太田和氏が語ってきた四つのことがあります。①人格的成熟と霊的・信仰的成長のしっかりした結びつきの追究。②ビーイング（生き方・あり方）から生まれるドゥーイング（活動・奉仕）の大切さ。③静まりから生まれる神と自分と他者との出会いと交わりの希求。④さまざまな伝統から学ぶ開かれた姿勢で、時代と自分に合った霊的修練と創意工夫の追求、です。これらを使命とし、新主事として松本雅弘氏を迎えたＣＬＳＫの働きが、さまざまな形で継承され推進されるために、本書が用いられるよう切に祈りたいと思います。

ＣＬＳＫホームページ「クリスチャン・ライフ成長研究会」で検索
問い合わせ先：clsk2001217@gmail.com

著者　**太田和 功一**（おおたわ・こういち）

東京生まれ。ディサイプルシップ・トレーニングセンター（DTC、シンガポール）卒。キリスト者学生会（KGK）主事・総主事、国際福音主義学生連盟（IFES）副総主事・東アジア地区主事として35年間、学生伝道に従事。2002年から20年間、クリスチャン・ライフ成長研究会（CLSK）主事・総主事として国内およびアジアの国々で「静まりのリトリート」を導く。現在、CLSK シニアアドバイザー。
著書：『実用聖書注解 ヤコブの手紙』『アジアのキリスト者とともに』『しばし立ち止まり、ふり返る』。
訳書：ヘンリ・ナウエン『いま、ここに生きる』『静まりから生まれるもの』『主の憐れみを叫び求めて』（以上、あめんどう）、C・スウィンドル『全能の主との親しい交わり』（いのちのことば社）

解説　**水口 洋**（みずぐち・ひろし）

CLSK運営委員長、玉川聖学院中高等部長（校長）を経て現在教育相談顧問、日本聾話学校理事長。

静まりと魂のセルフケア

人生のふり返りと生活の中の霊性

2024年８月20日　初版発行

著者…………太田和 功一
協力…………クリスチャン・ライフ成長研究会
発行者………小渕春夫
発行所………あめんどう
〒101–0062 東京都千代田区神田駿河台2–1 OCC
www.amen-do.com
電話：03–3293–3603　FAX：03–3293–3605
装丁…………長尾 優
制作協力……三浦三千春 小渕朝子

日本基督教団讃美歌委員会著作物使用許諾第5496号　JASRAC出2405000–401

モリモト印刷

ISBN978–4–900677–47–0
2024 Printed in Japan